INTRODUCTION

A UNE

POLITIQUE GÉNÉRALE.

Par

L. Xavier EYMA.

PRÉFACE.

C'est icy un livre de bonne foy, lecteur.
MONTAIGNE.

PARIS,
PERCEPIED, ÉDITEUR, PASSAGE CHOISEUL, 17.
1842.

PRÉFACE.

Ouvrages de l'Auteur,

LE MÉDAILLON.

1 volume in-8.

EMMANUEL.

1 volume in-8.

ÉTUDES CRITIQUES
Sur les Écrivains contemporains.

2 volumes in-12.

Pensées, Maximes, Réflexions, de lady Blessington.

Traduites de l'Anglais.
1 volume in-12.

Sous Presse :

Pour paraître en Mars 1843,
Le 1er volume de

INTRODUCTION A UNE POLITIQUE GÉNÉRALE.

Par L. Xavier EYMA.

Le 2e volume en Juillet 1843.

PROFILS HISTORIQUES,

ÉTUDES

Sur les Philosophes du 16e siècle.

Par L. Xavier EYMA.

INTRODUCTION

A UNE

POLITIQUE GÉNÉRALE.

Par

L. Xavier EYMA.

PRÉFACE.

C'est icy un livre de bonne foy, lecteur.
MONTAIGNE.

PARIS,
PERCEPIED, ÉDITEUR, PASSAGE CHOISEUL, 17.
1842.

Lagny — Imprimerie de Giroux et Vialat.

LETTRE

A

UN AVOCAT AMÉRICAIN.

Comptons avec l'histoire, Monsieur, et nous trouverons dans le monde plusieurs moteurs de civilisation qui tous, avec une puissance égale, poussent évidemment et nécessairement les peuples vers l'accomplissement progressif de leurs destinées.

La Poésie, les arts, la philosophie, les sciences,

marquent dans ce grand travail autant que l'industrie, le commerce, l'agriculture et toutes les choses réputées seules *utiles*. En un mot, la tête et les bras, l'intelligence morale et l'intelligence matérielle, sont étroitement liées dans l'histoire des sociétés. Ce sont comme deux vaisseaux jumeaux voguant vers le même port, poussés par le même vent et portant dans leurs flancs communs les mêmes trésors, à portions égales.

Je n'ai point confondu la Religion, Monsieur, avec ces divers leviers de civilisation, parce que la religion en est le flambeau. Elle ouvre la marche, projetant bien avant ses rayons, la ferme encore, laissant sur ses traces des nappes de lumière; elle est l'œil qui voit et éclaire d'en haut, de face, de tous les côtés. C'est-à-dire que la religion raidit chacun de ces leviers; que sans elle ils n'auraient pas de force, et ploieraient comme des fétus de paille sous le poids imposant qu'ils sont chargés de remuer. Il va sans dire qu'au point de vue de la civilisation il faut envisager la Religion, non pas tant comme un dogme et une vérité abstraite, que comme une loi du pays, une sorte de partie intégrante dans la nationalité. Plus la religion s'incruste ainsi dans les mœurs, plus elle est productive. Nous savons tout ce qu'elle fit faire au peuple romain, qui l'avait adoptée à l'état de loi et la révérait comme telle.

Il implique que l'absence d'un seul de ces éléments paralyse ou ralentit les mouvements d'une civilisation; et nul peuple n'est réellement grand ou ne peut aspirer à le devenir, qu'à la charge de posséder en même temps, à un degré égal, et l'intelligence qui pense, cherche, agit, devine, moralise, et les bras qui travaillent, appellent les richesses et les fécondent. Il se peut que les nations nouvelles, comme celle au milieu de laquelle vous vivez, Monsieur, méconnaissent ou ne sentent pas immédiatement la nécessité de cette intime alliance; mais si, dans les desseins de Dieu, leur grandeur n'est point éphémère, ou elles sanctionneront cette vérité avant peu, ou elles tomberont d'inanition.

Il y a là dedans une logique que l'histoire du monde entier épaule et rend inébranlable.

La Politique proprement dite, qui devient alors le grand levier de la vie sociale, n'est autre chose, Monsieur, que l'assemblage organisé de tous ces leviers épars fonctionnant à l'unisson.

Les conditions premières de l'existence de tous ces éléments de civilisation, à part la sanction religieuse, sont : l'ordre, l'harmonie, une sorte de discipline invisible, mais réelle et indispensable, qui les courbe sous une main de fer. Chaque élément comporte en soi une régularité pratique dont il ne lui est pas permis de se départir, sous peine de dissolution. L'admettez-vous comme moi? Je me demande alors pourquoi, en France, toutes les parties distinctes étant si parfaitement combinées et si fortes dans leur immuabilité, l'ensemble paraît un sable mouvant dont les grains s'envolent et se dispersent, emportés par je ne sais quel vent ?

C'est là, Monsieur, le secret à la découverte duquel je consacre mes études et mes veilles, dont un avenir rapproché, je l'espère, vous montrera tous les fruits.

Avant que de vous exposer ici la substance d'une partie de mes idées, je veux user, sans en abuser, du privilège que toute *préface donne à l'écrivain de parler un peu de sa personne*, et dire moins à vous qui me connaissez, Monsieur, qu'à ceux qui ne me connaissent pas, qui je suis et de quel droit je descends aujourd'hui dans l'arène politique.

De quel droit?

De celui qu'a tout homme honnête, probe et studieux, de sonder les maux de son pays et de chercher dans sa conscience, sinon dans la force de ses moyens et de ses talents, des remèdes à ces maux.

Qui je suis ?

Un écrivain impartial, ne sachant pas ce que c'est que la haine, ni contre les personnes, ni contre les partis; très humble serviteur d'aucun parti et de personne; voulant, avant tout, la prospérité morale et matérielle, en un mot, la gloire de mon pays; prêt à recueillir d'ailleurs ce bien-être et cette gloire quelle que soit la main qui les lui donne; m'efforçant aujourd'hui, comme je m'efforcerai toujours, de tirer de partout la vérité pour rappeler à elle les esprits égarés par un faux éclat de lumière; et enfin trouvant une excuse pour la faiblesse de mes écrits dans cette maxime d'un philosophe, que : « comme les hommes ne se dégoûtent « pas du vice, il ne faut pas se lasser de les leur re- « procher : car ils seraient peut-être pires s'ils ve- « naient à manquer de censeurs ou de critiques. »

Voilà qui je suis; voilà de quel droit je mets le pied dans l'arène politique. Je vous affirme, Monsieur, et ne suis pas seul à le dire, qu'il faut un grand courage, une grande abnégation, pour oser se jeter en une pareille mêlée. Dans toutes les carrières, publiques ou privées, on se froisse aux jalousies, on se déchire aux angles de l'envie, on goûte au fiel du calice, toujours prêt pour toutes les lèvres; mais, en politique, si bien couvert que vous soyez des meilleures, des plus pures et des plus saines intentions, vos ennemis, moins encore car tout le monde n'est pas digne d'en avoir, vos simples adversaires vous crachent la calomnie, l'infamie, la flétrissure. Affrontez tout cela sans vous sentir défaillir un peu; je vous en défie.

Et qui fait donc que les chances soient si mauvaises? Peut-être en trouverez-vous la cause dans les idées préliminaires que je vous expose ici.

Sur un terrain aussi vaste et aussi sacré que celui sur lequel se rencontrent des hommes se disant amis de l'humanité, de la civilisation et de la société; quand l'avenir des nations est en jeu; quand les lumières, d'où qu'elles viennent pour éclairer le pieux travail qu'ils entreprennent en commun, devraient être acceptées comme un bienfait inappréciable, il ne faudrait pas, qu'en pensez-vous? que la haine les repoussât, que l'envie les éteignît. Mais c'est le contraire; et voilà pourquoi nous marchons depuis longtemps dans les ténèbres, et y marcherons longtemps encore.

La politique n'est pas une chose d'hier, Monsieur. Vieille comme elle est dans le monde, il est aisé de comprendre qu'avec un peu de vouloir, de patience et de bon sens, on aurait pu l'avoir élevée déjà jusqu'au rang d'une science. Ce n'est pas la politique, idée abstraite, qui seule est vieille: ce sont aussi les expériences, les leçons, les instructions, les études *politiques;* car elles ne datent pas pour nous de la Révolution, et pour l'Angleterre de Charles Ier, ainsi que le prétend M. de Bonald. Elles ont nécessairement dû commencer dès la formation de la première société. Si on ne les a pas observées, tant pis; si on n'a pas tenu compte des grandes leçons qu'elles ont produites aux époques de bouleversements, tant pis encore! (Et il se pourrait bien que nous en portassions la peine aujourd'hui.)

Wiclef, J. Huss, l'empereur Sigismond de Luxembourg que M. de Bonald signale comme les *inventeurs de la politique*, et qui vivaient à la fin du XIV et au commencement du XVe siècle, ramènent déjà, vous voyez, cette étude au delà des deux époques dont j'ai parlé et qu'il assigne, lui, pour dates aux expériences politiques. Machiavel, d'ailleurs, ne venait-il pas au monde à peu près vers le même temps que ces trois dogmatiseurs? Franchissons encore des siècles; n'arrivons-nous pas à Aristote qui a écrit tout au long une *Politique?* Plutarque n'a-t-il pas composé une *Instruction pour ceux qui manient les affaires d'État?* travail que je confesse n'avoir pas lu encore, mais que Montaigne cite souvent. Enfin est-il un historien, un philosophe de l'antiquité qui n'ait touché à cette grave matière? car elle venait tout naturellement à leur esprit. Peut-être M. de Bonald entend-il par expériences politiques, les seules commotions entre le principe populaire et la royauté? mais il nous semble, Monsieur, que tous les Etats de l'antiquité ont éprouvé les mêmes secousses; que les mêmes principes se sont trouvés maintes fois en présence; et que toutes les formes de gouvernement se sont manifestées tour à tour sur la scène du monde.

Voilà bien des phrases, n'est-ce pas? pour réfuter une erreur sans conséquence. Mais je tiens à établir ce que vous savez aussi bien que moi, que la politique est vieille dans le monde, quoique, comme *l'antique*, elle soit toujours jeune. Elle a donc eu le temps de jeter, de son aurore à son plein midi, d'innombrables lueurs sur les nations, et de nous transmettre un gros héritage d'expériences. Que si maintenant elle n'est pas encore parvenue au rang élevé où nous la voudrions voir, qui nous faudra-t-il accuser? Les passions, Monsieur, les intrigues, les ambitions de ces hommes, qui n'ont jamais fait défaut à aucune époque, et qui n'estiment le repos et la prospérité d'un pays qu'une question secondaire à côté des perpétuelles évolutions de leur esprit vagabond. Ils ont tout intérêt, vous sentez, à maintenir l'ignorance et à proscrire les lumières.

Mais ne hâterons-nous pas la venue de ce jour, où les yeux se dessilleront enfin? où nous exploiterons cet héritage que tant de siècles nous ont légué? Faudra-t-il laisser tout cela se perdre, tomber dans le gouffre de l'oubli, sans qu'on pense seulement à l'en retirer? Nous en agissons aujourd'hui comme si cette arme que nous tournons entre nos mains ne portait pas réellement la mort dans ses flancs; nous jouons avec elle comme des enfants insouciants. La charge a beau nous éclater au visage quotidiennement, nous affectons de ne nous en pas apercevoir, et ne cherchons pas même à nous garantir.

Tant pis pour nous, Monsieur! tant pis pour l'avenir des peuples! Il serait temps cependant, qu'en dites-vous? de songer à sortir de ce mauvais pas. Car, lorsque le désordre emporte les nations dans son tourbillon, le désordre va vite en affaires; et quand il s'est implanté dans la tête, il gagne bientôt le centre et les extrémités. Il n'est personne qui ne le sache parfaitement; mais c'est l'histoire des philosophes de l'antiquité dont parle Bossuet : « Ils avaient à la fin reconnu qu'il y « avait un autre Dieu que ceux que le vulgaire « adorait, mais ils *n'osaient l'avouer.* » On fait plus ici que de ne pas oser, on ne veut pas; et cela est plus grave.

Les institutions d'un peuple ne s'improvisent pas. Fruit du labeur de bien des siècles, elles ne se conquièrent que par des révolutions, que par des guerres. Elles sont filles du sang; ce mot épouvante! Pour conserver donc de si difficiles conquêtes, il n'est pas sans importance, je crois, de savoir les maintenir fermes sur le piédestal du haut duquel elles rayonnent. Ce piédestal, s'il branle et faiblit, s'écroule tôt ou tard, et la statue illuminée ne se relève de nouveau qu'avec des révolutions, des guerres et du sang. Trois mots qu'on ne devrait jamais oublier! Nous en sommes là, nous autres.

Qu'on se rappelle encore cette grande vérité de Montesquieu : « Dans la naissance des sociétés, dit-« il, ce sont les chefs des républiques qui font l'in-« stitution ; c'est ensuite l'institution qui forme les « chefs des républiques. » Si l'institution forme les chefs, elle peut bien aussi former tout le monde. Montesquieu reconnaissait donc que l'histoire porte dans son sein des germes de grandes et productives leçons. Alors pourquoi trouverait-on que ce soit une idée si étrange, si impossible, que de faire de la politique une science, où l'histoire, comme vous allez voir, jouerait un si puissant rôle ?

Les phénomènes les plus bizarres de la nature en ont bien produit une nette, claire, précise. L'homme s'est étudié à surprendre, pour ainsi dire, les secrets de Dieu ; et il a classé tous les mondes étrangers au sien. L'esprit s'est replié sur son propre abîme, il l'a sondé et a découvert les plus intimes problèmes de son être. On a réuni en un faisceau plus fort que la plus forte volonté, les droits de chacun dans le partage de la terre, et l'on a assis sur un centre inébranlable l'ordre de la vie. Quand donc les dangers résultant du choc des éléments sont prévus par la Physique et par l'Astronomie ; quand les problèmes de notre âme sont résolus par la Philosophie ; quand l'ordre, le repos, les droits matériels de chacun sont assurés par la Législation; pensez-vous, Monsieur, qu'il soit inadmissible d'établir sur des bases également solides l'ordre moral des nations?

Cet ordre moral, m'objecte-t-on, gît dans les institutions que deux révolutions nous ont données; ces institutions existent. Elles sont là grandes et fortes ; nul n'a l'audace d'y vouloir porter de main sacrilège, personne ne les conteste, et tous veulent les défendre. Ces institutions existent, c'est vrai : mais ne dites pas que personne ne veut les renverser, que personne n'y veut porter de main sacrilège, et que tous veulent les défendre ; parce que cela est faux. Et ce sont précisément ces conspirations tramées sous une apparence de respect, ces menées sourdes, ces hypocrisies, ces sacrilèges qui battent en brèche les institutions, que je souhaiterais voir écraser, parce qu'ils retardent le développement de l'ordre moral et du bonheur. Je trouve que vous êtes ignorants ou coupables dans la manière dont vous vénérez vos institutions, et il importe alors qu'on vous apprenne là où est le respect, là où est l'injure, puisque vous ne le savez pas.

Avant 1789, je suppose que quelqu'un eût osé dire à la noblesse en termes francs et du ton dont parlent aujourd'hui nos docteurs politiques : « Vous pesez sur le peuple; le peuple ploie sous le fardeau de vos privilèges, vous vous emparez du monde comme s'il était à vous seule : prenez-y garde, le peuple fait partie, comme vous, de la nation; laissez-lui donc la part de droits qui lui revient.» Celui-là, vous le savez comme moi, Monsieur, on l'eût embastillé. Vous savez le sort de Rousseau, de Voltaire, pour l'avoir écrit avec bien des précautions. Et les tracasseries dont Montesquieu fut victime; Montesquieu qui, au dire du philosophe de Ferney, retrouva et rendit au genre humain ses titres qu'il avait perdus! Si, en 93, quelque autre, à son tour, eût été assez hardi pour dire au peuple: « Vous êtes un tyran, vous usez du droit de la force contre le plus faible; vous vous mettez cent contre un; vous êtes assez vengé comme cela. Lavez vos mains rouges de sang et reposez-vous; car, après tout, la France ne vous appartient pas à vous seul. Cette noblesse que vous écharpez fait, comme vous, partie de la nation; rendez-lui la part de droits qui est la sienne.» Celui qui eût osé tenir un pareil langage, vous le savez aussi bien que moi, Monsieur, on l'eût guillotiné, ni plus ni moins. Cependant il est venu un moment où l'on a reconnu que la nation se compose effectivement du principe populaire et de la noblesse, et l'on a fondu ces deux principes. Il a fallu du sang, des guerres, et deux révolutions pour constater cette grande vérité. Ce que je veux par là, Monsieur, c'est vous prouver tout simplement que rien n'est impossible en politique, et que lorsqu'on a entre les mains de pareils résultats obtenus par de si cruels moyens, la raison veut d'abord qu'on les garde, ou que les leçons du passé nous instruisent pour l'avenir à ne les rechercher que pacifiquement.

Pour cela, il faudrait que la politique devînt une science humaine que nous étudierions comme nous étudions le Droit, et qu'elle se résolût en formules scientifiques, en axiomes contre lesquels l'ambition, les passions, les intrigues et le délire viendraient échouer à pleines voiles.

Le Code, Monsieur, est une sorte d'évangile auquel la main des hommes n'ose toucher; parce que nous savons par le Code là où est le respect pour la loi, là où est l'injure.

La Politique, dans les conditions morales du bonheur des peuples, doit devenir ce qu'est le Code, sans quoi il faut renoncer pour jamais à la stabilité des gouvernements, à la prospérité continue des pays.

Et sur quelles bases plus larges, science se serat-elle jamais appuyée? n'avez-vous pas l'Histoire? n'avez-vous pas la Philosophie? n'avez-vous pas la Législation?

L'esprit humain est un, quoique mobile; et l'histoire, qui l'accompagne pas à pas dans le cercle immense qu'il parcourt, enregistre ses actes. Comparez ces actes dans diverses époques, telles époques que vous voudrez prendre; ne se renouvellent-ils pas semblables à peu près, ne se développent-ils pas entre ces deux conditions, la paix ou la guerre? La paix ou la guerre depuis le commencement du monde jusqu'à nos jours? Voilà donc que l'histoire a recueilli les phases de l'esprit humain selon ces deux grandes conditions. Appuyez d'abord votre science nouvelle sur l'histoire, c'est-à-dire sur la tradition qui est une infaillible autorité.

En parcourant ce même cercle, l'esprit humain subit des modifications morales, selon certaines lois dont l'histoire proprement dite ne se rend pas compte ou qu'imparfaitement. Elle n'a pas mission pour cela. Elle laisse ce soin à la philosophie qui marche parallèlement à ses côtés, surprenant les transformations diverses de l'humanité, les observant, les développant, s'enrichissant de la comparaison des phénomènes qu'elle récolte avec ceux passés; et, au bout du compte, donnant l'état exact du genre humain à toutes les époques. La philosophie aide donc l'histoire; elle en est la clé comme elle en est le flambeau.

Or, Monsieur, n'est-il pas certain que la philosophie tient à tout ce qui touche à la société, au gouvernement? la philosophie ne s'étend-elle pas, comme l'observe un de ses plus illustres représentants (1), à l'idée de l'*utile*, savoir : les sciences ma-

(1) M. Cousin, *Introduction à l'histoire de la philosophie*.

thématiques et physiques, l'industrie, l'économie politique; à l'idée du *juste*, qui renferme la société civile, l'État, la jurisprudence; à l'idée du *beau*, c'est-à-dire l'art; à l'idée de *religion*, c'est-à-dire Dieu? Enfin n'est-elle pas le dernier développement, la formule extrême de la pensée? Cela est assez vaste, vous sentez, pour qu'on ait droit de compter beaucoup sur un pareil concours.

J'ai tellement appuyé sur la présence d'une religion dans l'œuvre de la civilisation, que vous ne me voyez peut-être pas sans défiance, Monsieur, autant insister sur l'intervention de la philosophie. Mais entendons-nous. D'abord écoutez ce que disait Scott Erigène : « Il n'y a pas deux études, l'une de « la philosophie, l'autre de la religion; la vraie « philosophie est la vraie religion, et la vraie reli- « gion est la vraie philosophie. » Cette seule phrase explique mieux ma pensée que vingt pages de moi, et croyez bien encore que je n'admets pas sans restriction ce mot de M. Cousin, « que la re- « ligion et la philosophie peuvent différer par la « forme, mais qu'elles restent une par le fond. »

Nous voilà donc appuyés déjà, d'une part sur l'histoire qui livre les faits matériels; de l'autre, sur la philosophie, qui donne la mesure des faits moraux et intellectuels.

Troisièmement, Monsieur, la législation est là; or, la législation est le plus complet résultat de l'histoire et de la philosophie à la fois. Car les lois du code, qui sont les interprètes légitimes de la loi naturelle, n'ont pu être produites au monde que d'après les enseignements puisés à ces deux sources fécondes. La législation à elle seule fera déjà les trois quarts du travail.

Ces deux idées, Monsieur, stabilité dans le gouvernement et prospérité du pays, que j'ai émises plus haut, sont soudées l'une à l'autre; et celle-ci ne peut être que la conséquence de celle-là. Mais la mauvaise foi qui est le fruit de l'ignorance dans laquelle nous vivons, les sépare toujours. Il est logique cependant que le développement des affaires, le repos de la nation, son bonheur moral comme son bien-être matériel, ne peuvent sortir que de la stabilité du pouvoir. (Une fois pour toutes, par Pouvoir, j'entends ici tout ce qui tient la tête d'un pays : aussi bien le roi que ses ministres, aussi bien les représentants disséminés de la volonté royale; bref tout ce qui administre, juge, agit; enfin, moins les hommes encore que la substance idéale mais réelle dont ils ne sont que les échos et les gardiens.)

La politique étant malheureusement une affaire de fantaisie, un prétexte à des intrigues, un moyen comme un autre, plus facile qu'un autre, de jouer à l'ambition, la durée trop longue d'un ministère, partie essentielle du Pouvoir, produit sur les petits esprits l'effet opposé, et ils rêvent la prospérité dans l'instabilité. C'est là une erreur d'aveugles.

Examinons un peu. Dans le régime constitutionnel, un ministre, en acceptant un portefeuille, s'identifie tellement au gouvernement qu'il devient naturellement la personnification même de la pensée du Roi, de la pensée du Pays, par les deux chambres (ceci est élémentaire), et de sa propre pensée. Cette communauté, cette similitude, cette fusion de trois pensées en une seule, devrait établir la force, l'autorité, la durée.

Tel est en France, Monsieur, ce prétendu respect pour nos institutions, cet amour inaltérable pour le bien-être du pays que, dès qu'un ministère a représenté pendant plus de trois mois la trinité de pensées que je mentionnais plus haut, les brouillons s'aperçoivent que tout espoir de désordre s'en va; et ils cherchent les occasions, qui ne manquent jamais, de susciter des entraves. Ils mettent en ébullition leurs cerveaux étroits, et les bâtons pleuvent dans les roues. Pour eux, un ministère de plus ou de moins pèse peu dans la balance des destinées d'un pays, et ils culbutent sans remords, ministères sur ministères, s'imaginant qu'il n'y a rien là dont l'équilibre social doive se ressentir. Ils n'y voient que le renversement de sept personnages plus ou moins importuns, ou encore d'un système; mais au bout du compte, le temps pourra bien se charger de leur démontrer que ce sont là autant de coups qu'ils portent, à la longue, au principe même du gouvernement et aux institutions.

Pourtant, à les en croire, ils sont les amis de ces institutions; et leur animosité, qui ne dépasse pas le ministère, s'apaise devant la Royauté, pour laquelle ils affectent un sincère dévouement. Ceux qui en agissent ainsi sont ce qu'on appelle aujourd'hui chez nous, *l'opposition dynastique*. N'ont-ils que de bonnes intentions? Je les en crois capables au fond. Mais il est facile de leur prouver néanmoins qu'ils se trompent ou qu'ils mentent à leurs propres idées. En guerroyant systématiquement contre les ministres du roi, ils renient ce qui fait la force de nos institutions, c'est-à-dire la majorité qui a bien au moins sa valeur. Et méconnaître cette majorité, *toujours* et par parti pris, c'est en même temps porter atteinte à la Royauté qui tient sa sanction de cette majorité elle-même. Ils ne le pensent pas; par le fait cependant, c'est la conséquence de leur conduite. Voudront-ils comprendre que discuter les actes d'un ministère, ou les combattre à outrance, sont deux choses bien distinctes dont l'une est raisonnable et l'autre insensée, sans milieu? En somme, ne donnent-ils pas à supposer que l'ambition seule les éperonne? qu'ils s'inquiètent peu de ce que les besoins et les intérêts du pays soient ou ne soient pas en jeu? qu'ils reconnaissent enfin que l'ordre est le fait des esprits vigoureux, et que, pour triompher, il leur faut du désordre? Serait-ce là par hasard toute leur histoire?

Jugez, Monsieur, par les faits dont fourmillent les dernières années que nous venons de traverser, quelle est notre position. Sous la Restauration, trois ou quatre ministères, depuis 1830, trois ou quatre ministères c'est-à-dire, à ces deux époques, un nombre égal d'individus qui se sont disputé, arraché tour à tour le pouvoir une vingtaine de fois. Nous étions convenus ensemble, je crois, qu'un ministère représentait la pensée du Roi et la pensée du Pays. Supposons que la guerre parlementaire commence aujourd'hui : l'un de ces trois ou quatre systèmes renverse son rival et s'accapare du gouvernement. Lequel des deux, à votre sens, du vaincu ou du vainqueur, représentera fidèlement les intérêts, les idées, les principes de la France? Le vainqueur, sans doute! Vous êtes bien naïf, Monsieur! Nous allons voir.

Le ministère en défaite rentre, non pas dans sa vie privée, mais dans sa vie de Député ou de Pair, et fait de l'opposition. S'il est habile, s'il a du talent, du tact, de l'adresse et de l'ambition surtout, par un de ces secrets mystérieux de la politique, il arrive à se rattacher la majorité, combat son adversaire, qui tombe devant le nombre; et le voilà de nouveau aux affaires. Il devient alors le représentant de la pensée du Roi, de la pensée du Pays; lui qui ne l'était pas la veille. Le vaincu d'aujourd'hui ne reconnaît pas cela, lui; la guerre recommence, et l'infidèle victoire change de camp.

Voilà ce qui se passe. Voici la forte raison que l'on donne pour justifier cet état de choses : les idées, dit-on, se modifient! Oui; mais je vous demanderai si, avec deux onces de réflexion, on peut sérieusement soutenir que ce soit du jour au lendemain, d'un mois à l'autre mois, d'une année à l'autre année, que les idées d'un pays comme la France se modifient; si les transformations d'un peuple ne s'opèrent pas logiquement avec l'aide de bien des siècles! Or, Monsieur, vous me concéderez bien que de tel ministre à tel autre, ou plutôt de tel système à tel système, car il faut bien le dire, ce sont les systèmes qui nous gouvernent, il y a un abîme; et vous avouerez bien encore que ce n'est pas quelque chose d'aussi vain que l'ambition ou le caprice d'un homme, tels énormes qu'ils soient, qui puisse combler cet abîme. En conscience non!

J'ai prononcé tout à l'heure le grand mot : oui; ce sont des systèmes qui nous gouvernent, parce que ce sont aussi des systèmes qui cherchent à conquérir le pouvoir. Or, en tout temps et à propos de tout, les systèmes ont produit les plus fâcheuses fins. Et que retirons-nous, par le fait, de ces luttes entêtées, de ces tiraillements continuels? Rien. Nous voyons dépenser sur un terrain aride dix fois plus de temps et vingt fois plus de talent qu'il n'en faudrait pour atteindre à un but fécond. Nous voyons s'user hommes et idées sans que les choses fassent un pas de plus vers l'avenir. Cela est d'autant plus regrettable qu'en France, les évènements l'ont prouvé déjà, peu d'années de calme et d'action libre suffisent pour modifier, pour changer les esprits et les situations; résultat auquel nous n'avons jamais atteint, auquel nous n'atteindrons jamais au milieu de vicissitudes et de tourmentes sociales. Mais nous sommes toujours plus pressés de dévorer l'espace que soucieux d'aplanir les routes. Inquiets et haletants, nous ne savons pas ce grand secret de la politique : attendre. Débutons-nous par des théories? nous ne leur donnons pas le temps de s'infiltrer dans toutes les têtes, et abordons immédiatement la pratique; ce qui est le plus sûr moyen de jeter le doute dans les esprits. Après cela, plus on avance, plus le doute grandit; et voilà autant de peines perdues. Nous ne savons ni saisir le moment, ni choisir les instruments. Tous les instants ne sont pas bons; et tous les hommes, si grande que soit d'ailleurs leur aptitude, ne sont pas capables d'opérer sans danger peut-être cette transformation de la théorie à la pratique. Un des plus curieux exemples de cette patiente gestation que nous méconnaissons, est celui que nous a donné Lord Grey. En 1793, chef de la Société des *Amis du Peuple*, il présenta au Parlement un plan de réforme qui ne fut point écouté; quatre ans plus tard, il reproduisit son idée, qui fut encore repoussée. Lord Grey était fort jeune à cette époque; il sut néanmoins comprendre que brusquer les choses, c'était perdre à tout jamais le fruit de sa volonté, parce que le moment n'était pas venu. Il attendit... de 1797 à 1831 avant que d'exhiber de nouveau son plan de réforme. Durant 34 ans il n'en avait plus prononcé un mot à la chambre; il avait attendu en silence que l'heure fût venue, travaillant paisiblement à la surprendre, à la préparer peut-être.

Mais il est bien certain que l'Angleterre, plus vieillie que nous d'ailleurs dans le gouvernement constitutionnel, doit en partie son expérience pratique aux études spéciales dont la plupart de ses membres politiques étaient et sont nourris toujours. Dès l'enfance, destinés à la carrière parlementaire comme nous destinons nos fils à celle du barreau, ils étaient élevés pour être ministres un jour. C'était là une profession. Membres du Parlement à 22 ans comme le furent les Robert Peel, les Fox, les Canning, les Pitt, les Lord Grey, etc., ils prenaient les rênes du gouvernement à 23, 24 ou 25 ans, et ne s'en tiraient ma foi pas trop mal. Pour être élevés dans de telles études, il leur fallait une école; et qui dit leçons d'une école, présuppose une science préalablement organisée. Nous ne sommes donc plus si loin de mon idée première. Mais ce n'est pas encore assez.

Nous avons vu, Monsieur, à quelles misères se réduisaient nos questions ministérielles ; quelle était la source de ces crises, et le danger caché qui doit les suivre à la longue. Jugez maintenant si, la politique étant une science positive, faite, réglée, il n'y aurait pas mille raisons bien fortes à opposer à ces menées indignes que je vous dénonçais? si la vérité ne sortirait pas enfin toujours pure du milieu de ces ténébreuses intrigues? On ne conspire jamais ainsi contre la loi ; on courbe le front devant la chose jugée, parce que la loi est précise dans ses principes. Si donc la politique était formulée en manière de code, la politique aurait des préceptes immuables ; et ses effets auraient tantôt la valeur d'une chose jugée, tantôt les caractères d'une violation, selon le cas.

Mais le premier soin devra être de rendre cette science simple , et de ne jamais sortir de la règle de Pascal : « qu'il ne faut demander en axiomes que des choses parfaitement évidentes. » Mais les choses évidentes en affaires ne sont-elles pas les choses du moment? dira-t-on. La science politique verra-t-elle jamais au delà du lendemain? et n'y a-t-il pas, comme l'a dit M. de Châteaubriand « des chances et des événe-

«ments incalculables qui peuvent précipiter une nation «à sa ruine avant l'époque marquée par la nature?»

Pardon, Monsieur, si je me suscite à moi-même des objections. Ce n'est point, allez, pour me complaire à les réfuter, mais uniquement parce que je les prévois. Sur quoi roulerait la science politique? Sur les besoins et les intérêts des nations, lesquels sont aussi l'objet de la politique telle qu'elle d'aujourd'hui. Ces intérêts et ces besoins sont naturellement basés sur des raisons qui les empêchent de varier d'un jour à l'autre. J'en prends à témoin l'histoire, j'en prends à témoin la philosophie, j'en prends à témoin la législation : trois compas à l'aide desquels vous pouvez mesurer les dimensions, les développements et les modifications, auxquels tel besoin du moment, tel intérêt actuel doit être soumis avant de faire place à un autre, ou avant de se transformer. La science politique peut donc, d'après les lois de la raison, étendre la main dans un avenir plus ou moins lointain ; et par cela même qu'elle statuerait et ordonnancerait pour le présent, les besoins et les intérêts nationaux subiraient une influence régulière, proportionnelle, réglée, d'où ni l'étourderie, ni l'impéritie, ni le délire ne sauraient les arracher. Les choses évidentes aujourd'hui seront également évidentes dans cent ans; toutefois que, dans l'ensemble de la pensée qui les régit, aucune partie ne se trouvera en désaccord. Et cette harmonie sera la conséquence d'une science politique appliquée à toutes les institutions d'un pays. Quant à ces *secousses inattendues*, quant à ces *chances incalculables* dont parle notre illustre Châteaubriand, elles deviennent impossibles dans un gouvernement qui, par sa propre constitution, ira progressivement sur une pente douce et naturelle au devant de ces intérêts et de ces besoins dont les esprits remuants et les ignorants ne savent pas même la portée, et dont une science seule peut assigner les limites et régler la marche. Oui, là les chances incalculables et les évènements imprévus deviennent impossibles, parce que les révolutions ne sont jamais que le fruit d'une violation subite ou d'un entêtement dans une œuvre de violation. Elles arrivent plus ou moins vite seulement. « Si le législateur, se trompant dans son objet, établit un principe différent de celui qui naît de la nature des choses, l'Etat ne cessera d'être agité jusqu'à ce qu'il soit détruit ou changé, et que l'invincible nature ait repris son cours. » J.-J. Rousseau a eu grandement raison, à mon sens, de dire cela; parce que la conclusion à en tirer est ce que je soutenais plus haut, à savoir : que les besoins et les intérêts d'une nation une fois connus, l'ordre dans les idées, l'ordre dans les faits est inaltérable.

Je ne m'évertue point à prouver que les révolutions sont désormais impossibles; mais je maintiens qu'elles peuvent devenir moins fréquentes, et qu'on peut presque les prévoir. Interrogez tous ces grands bouleversements depuis l'Antiquité jusqu'à nos jours; regardez-y de près, et vous verrez si chaque jour n'apportait pas un avertissement. Combien de temps le monde païen n'a-t-il pas porté dans ses flancs le christianisme, heure par heure, brisant l'enveloppe qui l'emprisonnait, pour tout à coup luire sur le monde, au choc de la vieille société qui s'écroulait à ses côtés. Interrogez cette sublime révolution-là; interrogez toutes les autres aussi, et vous verrez si quelqu'une a manqué jamais de s'annoncer.

Quelles ont été leurs dates? Nous pouvons les dire aujourd'hui; mais personne alors ne les soupçonnait. Les révolutions ne sont pas le fait du hasard. « Elles « ont toujours été précédées par une longue suite « d'événements, et par une longue fermentation de « passions, » dit Mably. « Les secousses qu'on appelle « révolutions sont bien moins le symptôme de ce qui « commence, que la déclaration de ce qui s'est passé, » a écrit M. Guizot (1). Oui, avec les idées que jadis on avait de l'humanité stationnaire, on ne devait point les prévoir, ni les entendre venir, ni même croire à leur apparition. Comment le monde romain se serait-il douté qu'une poignée d'hommes que ses

(1) Du régime municipal dans l'empire Romain.

bourreaux jetaient aux bêtes et qui mouraient les yeux tournés au ciel dussent un jour l'écraser ?

Cette poignée d'hommes, grossissant de jour en jour, grondaient assez haut pourtant aux oreilles des païens, pour qu'ils vissent en eux des régénérateurs; mais croyaient-ils que Jupiter pût trembler jamais ?

Aujourd'hui, convaincus, comme nous le sommes, de la perfectibilité humaine, nous ouvririons les yeux et prêterions l'oreille.

Mais n'anticipons pas, Monsieur, nous développerons plus loin cette idée.

Voulez-vous bien, en attendant, me concéder que je n'ai pas précisément tort, au moins pour un moment, quitte à vous rétracter; et qu'il se pourrait bien que la science politique eût, en effet, les résultats que je vous indique ? Mais alors on va s'écrier que je vous mène tout droit au *sic et non* de la scolastique, et que je vous courbe sous le joug d'une politique scolastique. Vous souvient-il encore, Monsieur, que je donnais pour première règle à la science de bien connaître les besoins et les vœux de la nation, et de les seconder, mais en ne sortant jamais du vrai-prévu ? La science politique serait donc susceptible de progrès; rien ne doit donc lui échapper.

Etait-ce là le procédé de la scolastique ?

Dans l'espèce, le *sic et non*, si je l'invoquais, porterait à la fois sur l'objet et sur la substance, ce que je ne veux pas, ce qui détruirait même ma pensée. J'entends qu'il porte sur la formule; les scolastiques faisaient le contraire, ou du moins soumettaient et la substance et la formule sous leur inviolable laconisme.

D'ailleurs, toute science est susceptible de s'enrichir dans sa marche; ce qu'on découvre ne détruit pas ce qui existait, et l'on ne trouve d'ordinaire qu'avec le secours de ce qu'on possède déjà. Je sais combien les seuls mots de loi et de règle font bondir de colère les amis du désordre, qui les habillent volontiers du pseudonyme de tyrannie. Cependant toute loi faite dans l'esprit d'une liberté ne peut être qu'une garantie de plus à cette liberté; pour eux, elle est immédiatement une infraction. C'est du tout au tout, vous voyez, parce que cette sorte d'ergoteurs n'élèvent jamais les questions jusqu'aux idées générales, mais les rapetissent à des limites personnelles. Ils sont bien les dignes disciples d'une portion des publicistes du XVIIIe siècle, qui jugeaient toujours l'humanité au point de vue de leur individualité; ce qui mène exactement à la négation des vérités les plus palpables. Ce sont les idéologues qui ont inventé ce beau système qui n'a pas de résultat plus certain, comme l'observe judicieusement M. de Bonald, que de conduire en philosophie au matérialisme, et en politique à l'isolement. Rien de plus funeste que cela.

La science politique sous forme de lois ne sera donc pas une infraction à la liberté; j'aurai plus d'une occasion de vous le prouver.

La Charte, ce beau fruit éclos sous la fécondation de tous les systèmes qui ont remué le monde, ce dernier mot de toutes les batailles sociales, la Charte au premier abord vous séduira sans doute, Monsieur, et vous me la présenterez comme le code tout fait de cette politique que j'évoque. Eh bien! non, je ne l'accepte pas pour tel, et voici mes raisons. Je vous ai expliqué plus haut que j'établissais une notable différence entre les institutions, et la manière de s'y soumettre, de les appliquer. J'arrivais par cela même à une différence entre les institutions et la politique. Ces institutions sont la CHARTE; rien de plus, rien de moins: le reste, nous nous en occupons. M. Guizot a bien écrit (1) « que la Charte était le gouvernement représenta« tif tout entier avec tous les principes qui le légiti« ment, avec toutes les conséquences qu'il ren« ferme lui-même dans son sein. » Mais n'en déplaise à ce grand homme d'État, je me permettrai de lui faire observer que la Charte établit bien nettement les *principes* du régime constitutionnel, mais vaguement ses *conséquences*; et surtout qu'elle ne les

(1) Du gouvernement de la France en 1820.

déduit pas. La preuve, c'est que M. Guizot lui-même, tout en gouvernant avec la Charte, rien qu'avec elle, sans empiéter (il ne le pourrait pas) sur la moindre de ses légalités, ne gouverne pas cependant sans entrave et sans lutte. En principe et en fait, tous les actes d'un gouvernement en France ne peuvent être que des conséquences de la Charte, incontestablement ; et pourtant quel est l'acte, le plus minime qu'il soit, qui ne soulève des torrents de sottises et de niaises discussions qu'on ne peut étouffer, et qui ont le triste privilége de barrer aussitôt la marche des affaires.

La Charte est-elle parfaite dans son principe? Oui. La Charte est-elle complète quant à l'essence des droits constitutionnels de chacun? Oui, certes. Mais la Charte n'est pas le gouvernement *tout entier;* la Charte n'est pas la politique enfin ; elle n'en est que la PRÉFACE. Je laisse donc la Charte belle et pure rayonner du haut de son piédestal; et je ne pars que de là. (Vous pouvez juger d'ailleurs, par elle, du bienfait de ce que je réclame.) Non pas toute la politique, je vous l'ai dit, mais les bases de la politique sont burinées sur ces tables de fer, dont chaque article est fort à nos yeux de toute la raideur d'un axiome. Nul ne saurait braver impunément la Charte, les exemples en font preuve, parce qu'on ne joue pas avec un axiome; un axiome vous brise en deux. Naturellement et sans effort vous déduirez de là qu'une politique ainsi formulée serait bien puissante.

Les choses étant ainsi, la politique devenue science imposera silence aux ignorants, aux bavards, aux brouillons; à ces rêveurs creux qui n'en savent pas le premier mot, à ces ambitieux de bas étage et de médiocre portée qui spéculent sur elle comme les agioteurs sur les mensonges de la Bourse. Les lumières de la science politique les éblouiraient et les précipiteraient dans l'ombre; comme la chimie, comme la philosophie embarrassent les ignorants qui se mêlent d'en parler. Or, ne nous y trompons pas, le malheur de la politique est de renfermer de grands mots peu remplis et même vides de sens, qu'il est dangereux d'invoquer et avec lesquels on ébahit toujours le peuple. Ils sont la ressource des charlatans. Et c'est le sort de toute science inculte ou indécise de mettre au monde des charlatans. Plus nous allons, plus les marchands d'orviétan et de baume éternel disparaissent de parmi nous pour se réfugier dans les bourgs, où les naïfs habitants finissent par rire de leurs longs discours sans s'y laisser prendre deux fois. Qu'il en soit donc ainsi en politique! O mon Dieu, fais que les charlatans s'en aillent, et que le peuple puisse enfin reconnaître où sont les vrais docteurs, les vrais médecins de l'humanité.

Le moyen d'en arriver là, Monsieur, je vous l'ai dit.

De cette science sortiront, je crois, nécessairement des hommes d'Etat véritables, instruits, profonds; comme l'étude des codes produit de grands jurisconsultes, la physique de grands physiciens, etc., etc; toutes sciences que ces jurisconsultes, que ces physiciens ont apprises, parce qu'elles existent à l'état de sciences. Or elles ne se sont élevées à ce rang, et n'ont projeté cet éclat, que parce qu'elles ont été organisées non seulement dans leurs principes, mais aussi dans leurs développements.

Si vous voulez bien vous rappeler ce que je vous ai dit des hommes d'Etat de l'Angleterre, vous conviendrez que si, dès leur jeunesse, à l'âge où nous ne sommes que des écoliers encore sous la férule d'un maître, ils arrivent à la pratique des affaires, c'est qu'il y a dans la politique une éducation à faire.

Les hommes d'Etat les plus marquants de notre pays, va-t-on me dire, sont précisément des esprits élevés dans ces trois grandes études que je signale comme les bases de la politique. Ce sont des historiens, des philosophes, des jurisconsultes, qui se partagent tour à tour ou ensemble le maniement des affaires. Ou alors la science politique existe par la seule présence de ces hommes (et vous voyez bien qu'elle est impuissante), ou elle est impossible à établir puisqu'encore ces hommes ne l'ont pas faite. Admirable raison à coup sûr !

Mais je ne suis pas convaincu. Supposez en effet qu'au milieu de bandits, au sein même d'une société naissante, un homme qui se trouverait là, sentant la nécessité de régler les droits et de protéger la vie de chacun, rêvant enfin un code civil et un code criminel, manquerait des moyens premiers pour réprimer le brigandage, la déprédation et l'assassinat. Penseriez-vous que pour cela la législation fût aussi une chose impossible? Eh! malgré sa volonté, malgré la justesse de sa vue, s'il n'est secondé par ceux-là même qui ont besoin de la force de la loi, il n'arrivera pas à son but. Pour cela, rêver la législation ne serait pas, de sa part, faire un rêve d'insensé. Et la preuve, c'est que les obstacles n'auront pas manqué, et que cependant la législation existe partout. Or, à coup sûr, elle n'est pas venue au monde un beau matin avec le soleil levant.

Il ne suffit donc pas, Monsieur, cela est assez clair, du désir qu'une chose soit, pour qu'elle soit. Dieu seul a pu dire *fiat lux*, pour que la lumière fût faite. Il ne suffit pas des éléments épars d'une science pour composer cette science; faut-il encore les amasser en un faisceau. Ce n'est donc pas assez pour nous, d'avoir aux affaires des philosophes, des jurisconsultes, des historiens, pour que la science politique existe. Ce ne serait pas assez d'ailleurs qu'elle fût le fait seulement de quelques intelligences; il importerait d'abord qu'elle fût coordonnée, organisée, reconnue par tous, proclamée légalement, et qu'elle eût aux yeux des peuples la force d'une loi. La science politique existera réellement alors que la vérité, sortant de la bouche d'un homme, arrêtera court un bavard et lui fera courber la tête devant l'évidence, comme le texte d'un article du code condamne par sa simple apparition.

Oh! je sais bien que ce serait là une douleur pour bien des gens. Eh quoi! plus moyen de parler deux petites heures de suite pour ne rien dire. Quel grand malheur, en vérité! Quand nous n'y gagnerions que cela, Monsieur, je m'estimerais bien heureux, et vous aussi, et surtout la France entière! Car voyez : la première qualité qu'on exige dans un membre d'un corps politique quelconque, c'est l'éloquence, la seconde l'éloquence, la troisième l'éloquence. Et quand cet homme a beaucoup et longuement parlé, bien ou mal, peu importe, sainement ou sans raison, on n'y regarde pas de si près; il est applaudi, caressé, flatté, et les affaires du pays sont sauvées, croit-on. Ne tenez-vous pas cela pour une grande erreur, Monsieur? erreur qui découle nécessairement de l'absence totale de données positives et de points d'arrêts en politique. Quand un fleuve n'a pas de lit creusé, je comprends qu'il lui soit permis de déborder et de s'épandre partout; mais alors le salut des riverains exige, n'est-ce pas? qu'on l'encaisse tout de suite entre de fortes murailles. Le don de la parole est certainement un magnifique don du ciel; ce n'est point en face de vous que je voudrais le nier, Monsieur; mais faut-il qu'il s'appuie sur quelque chose. Or, le champ actuel de la politique laisse plus d'occasions de négliger le fond des véritables questions, que de les prendre corps à corps pour les étudier, les résoudre; ce qui se peut avec de l'éloquence, comme aussi sans éloquence. Et le moyen que cela ne soit pas ainsi! quand de beaux discours bien gonflés de magiques paroles, pavoisés d'un style éblouissant, s'élevant comme de majestueux ballons, s'en vont portés par le vent et mollement balancés dans les airs, admirés au passage par tout le monde, et semant sur leur route le mensonge et la vanité. Oh! si seulement on pouvait, en guise d'épingle, crever avec une toute petite vérité bien reconnue, vérité sans réplique, ces ballons orgueilleusement gonflés! que de vent, de sottises et de mauvaise foi en sortiraient, au grand étonnement des gobe-mouches. Mais que faire contre un beau discours? quand on n'est pas orateur, par hasard, quand on n'a pour lui répondre qu'une maigre parole, fût-elle pleine de vérité et de bon sens, et qui deviendrait si grande et si forte, si elle pouvait frotter sa grandeur et sa force au contact d'un axiome et d'une formule scientifique!

Au milieu d'un Etat constitutionnel, dans une situation normale, les orateurs proprement dits sont parfaitement inutiles; mieux, ils nuisent à la marche des affaires, qu'ils sacrifient toujours au succès d'une heure d'éloquence, quand ce n'est pas plus. Leur apparition, à mon sens, n'est nécessaire que dans des moments de tourmente, de révolution et de grandes crises où la puissance de leurs paroles peut entraîner les esprits égarés dans un certain courant, ou les arrêter sur la pente de quelque abîme. Là on a besoin d'eux, et leur rôle commence alors; parce que, dans de pareils moments, il ne s'agit plus d'affaires ni de gouvernement : il s'agit de l'humanité entière, et le sort de l'humanité peut dépendre d'un mot bien frappé.

Si donc la politique était une science réelle, on ne s'étudierait qu'à l'application et à la défense de ses principes. Le magistrat qui proclame la loi et qui la respecte ne se pare que d'une grande lucidité d'esprit et de langage; l'éloquence chez lui, bien qu'on l'admire, n'est qu'une chose de luxe.

L'avocat d'une cause civile ou contentieuse qui discute dans la loi, uniquement dans la loi, n'a que l'éloquence de sa science; et il est bien assez fort avec cela, vous en savez quelque chose, Monsieur. Mais l'avocat qui plaide contre la loi, c'est-à-dire celui qui défend un assassin par exemple, reconnu assassin par lui-même, laisse la loi de côté, et ne cherche qu'à arriver à travers la robe du juge jusqu'au cœur de l'homme. Alors il invoque les plus tendres inflexions, il noie sa voix dans les larmes, il parfume son plaidoyer des plus belles fleurs du langage. Cet avocat-ci est l'orateur que je signalais tout à l'heure, nécessaire dans les moments de tourmente et de danger, où il s'agit de la vie de son client; et ce client, Monsieur, peut être l'humanité.

Si les choses se passaient ainsi, nous arriverions, je ne dis pas du premier coup, mais peu à peu (et c'est déjà beaucoup embellir le présent que de pouvoir compter sur un avenir meilleur); nous arriverions, dis-je, à la stabilité dans les gouvernements, ce qui fait la force du pays, comme j'ai dit que c'en était aussi la prospérité. Nous attendrions patiemment alors et sans secousse les changements que le temps impose dans les mœurs et dans les idées.

S'il fallait en croire certains hommes, eux seuls auraient la main assez heureuse pour trancher d'un coup la grande question des améliorations sociales. Mais on pourrait leur retourner ces paroles qu'un ministre anglais, sir Robert Peel, prononçait en 1834 à propos d'une question de réforme, dont le parti radical de son pays était l'instigateur : « Je ne sais, di-« sait-il, pourquoi je ne serais pas capable moi-« même de satisfaire à ce sujet les vœux de la nation « aussi bien qu'aucun de ceux qui soutiennent le « *bill*. Je n'ai jamais considéré cette mesure comme « une machine dont le secret ne fût connu que de « ceux par qui elle a été construite. » — C'est là en effet, Monsieur, un tort des partis extrêmes que de s'imaginer qu'eux seuls ont l'instinct du bien, et de ne pas douter de l'infaillibilité de leurs moyens. Or souvent le secret hâtif de leurs réformes se traduit tout bonnement par ces mots : commotions, secousses violentes. Triste ressource, vous conviendrez ! que tout le monde connaît, mais que bien des gens ont désir d'ignorer. Les premiers d'ailleurs, ils devraient n'y pas songer. Ce qui prouve qu'ils ont au fond peu de souci ou peu d'intelligence de leurs propres intérêts, c'est que si on les laissait faire, demain nous serions en ébullition avec la perspective de vivre perpétuellement dans cette atmosphère de trouble. Le plus sûr moyen pour eux cependant d'arriver à leurs fins, c'est de maintenir la paix. La paix est le règne de la réflexion, et les transformations sociales ne s'opèrent qu'à l'aide d'une paix longue et solide. Reste à savoir, pour vrai dire, si dans leur esprit l'avenir compte pour quelque chose; et si leur but n'est pas de jouir d'un triomphe du présent, sans souci de l'avenir.

La paix dans les idées assure la stabilité du pouvoir, j'insisterai sans cesse là dessus; et un pouvoir stable est seul à même de surveiller la marche progressive des idées, de les suivre pas à pas, d'y préparer les nations et de les aider à subir à propos les transformations obligées, que nous ne verrions plus se manifester sous forme de révolutions qui fondent sur les peuples comme des tempêtes; et qui, tel bien qu'elles fassent au fond, déchaînent toujours le mal sur leur passage. Si, nous le montrerons tout à l'heure, pour un État nouveau, une révolution est utile en ce qu'elle lui donne tout de suite la mesure de son avenir, pour des puissances qui comptent leur âge par des siècles une révolution est toujours à redouter.

Par le seul fait de son existence, le régime constitutionnel constate la perfectibilité humaine et sociale. Il n'est donc pas possible de supposer qu'un gouvernement soit assez aveugle pour nier le progrès, se refuser à le reconnaître, à l'aider, et ne pas vouloir saisir l'heure de le proclamer. Car, comme l'a fort bien dit M. Guizot, « les intérêts succombent sous « des intérêts, les idées s'évanouissent devant les « idées, les forces cèdent à des forces. » Tout gouvernement comprend cela; il doit toujours avoir assez de bon sens pour faire que les idées et les intérêts cèdent à des idées et à des intérêts nouveaux; et pour éviter que la force apparaisse. C'est la logique de sa constitution. Et, après tout, il faut bien considérer comme une garantie de ce que j'avance là, que notre Charte n'est pas l'œuvre d'un pouvoir, mais du peuple; que c'est le principe populaire qui l'a imposée à qui il choisissait pour en confier la garde. Oui, c'est là une garantie pour le présent, comme c'en est une pour l'avenir.

Vous m'objecterez bien, Monsieur, qu'une seconde

fois en France une même dynastie a cessé de compter au nombre des rois, par cette raison que (sous un régime constitutionnel pourtant) elle avait méconnu ces principes, n'avait point voulu sanctionner les besoins de la nation, et qu'elle n'avait vu l'orage que quand il n'était plus temps de l'éviter. J'y consens, Monsieur, mais jetons les yeux sur les faits.

Quel était l'ordre de choses établi en 1789?

Une noblesse, n'envisageons que le fait en lui-même et ne discutons pas les qualités, une noblesse couverte de priviléges pesait d'un lourd poids sur le peuple. Puis ce peuple, un beau jour, prit sa revanche et gagna d'un seul coup toutes les parties qu'on avait daigné à peine jouer avec lui sous la Ligue, sous la Fronde, aux États-généraux, etc., etc. Eh bien! la révolution de 89 n'est autre chose en principe, je m'abstiens de juger les actes, que la conquête de l'égalité sur ces priviléges; le rétablissement des droits généraux communs à tous les hommes, par cela seul qu'ils sont hommes, et non l'accaparement des droits particuliers garantis à tout individu qui les a acquis légalement. N'oubliez pas, je vous prie, que je ne parle ici que du principe et non des actes.

Mais on ne se range pas facilement d'une place dont un nouveau venu vous demande la moitié quand vous la tenez tout entière : aussi cette noblesse dépossédée garda au fond du cœur, ou légua pour tout héritage à ses enfants la haine contre les vainqueurs. Laissons courir la révolution dans la voie de sang qu'elle s'était ouverte, oubliant dès le premier jour le grand et noble principe qui l'avait jetée dans le monde, pour se livrer à tous les excès que vous savez. Mais les principes, c'est là une grande prévision de la Providence, sont immuables, eux; rien ne les détruit, rien ne les ébranle, et les fautes comme les crimes de ceux qui les exploitent ne rejaillissent jamais jusqu'à leur front. Le principe de la révolution resta donc, au bout du compte, pur et intact sur son piédestal de granit, et nous le retrouverons tout à l'heure bien loin derrière les excès de la révolution. Remarquons que les jugements de Dieu ne sont pas si vains, et qu'il a toujours raison quoiqu'il « ait besoin d'avoir raison, » comme a dit Bossuet. Si le courant de 89 eût continué, Monsieur, c'en était fait de cette conquête si péniblement acquise, car le droit cesse où l'injustice commence. L'esprit de 89 avait tout envahi, il allait trop envahir; et c'en était fait alors à tout jamais du principe populaire. Or, cela ne pouvait pas être. Ceux-là même dont le sang avait servi à alimenter le délire du peuple, ou qui avaient, témoins épouvantés, assisté à ce dégoûtant spectacle, étaient destinés à contenir cet élan, à le refouler, en effaçant sous leurs pas les vestiges de l'odieux passé; mais aussi ils devaient le refouler tellement que la digue fut de nouveau rompue, cette fois pour que les ondes s'épanchassent dans un lit creusé par la prévoyance du temps. C'est l'histoire de la Restauration, c'était le rôle qui lui était réservé.

La Restauration nous a ramené les débris mutilés de 89 ; ce reste de gentilshommes courroucés et forcément haineux, qui d'abord ont réclamé la part perdue sans concession, du moins sincère ; car les situations sociales ne se déplacent jamais complètement ni du premier coup. Or, cette haine et ce courroux ont produit la réaction dont 1830 a été la fin. Avec 1830, qui est la vraie révolution de 1789, ont disparu et les anciennes idées dans toute leur ferveur, et les extravagances de 93 avec leur ivresse. Ainsi donc, Monsieur, nous sommes une génération nouvelle, appuyée un pied sur la tête de l'ancienne noblesse, l'autre sur celle de ses bourreaux.

En résumé, non pas au point de vue de la fatalité, mais au point de vue de la Providence, quatre-vingt-treize devait commettre tous ses excès, parce qu'il était nécessaire, et de montrer quelle est la puissance populaire pour qu'on sache la respecter, et de faire voir de quels crimes est capable cette nouvelle tyrannie, pour que ces crimes servissent de leçon à ceux qui songeraient à invoquer dans toute son étendue cette toute puissance. 1814 devait essayer de reconstruire l'œuvre démolie par 93 pour en racheter les excès ; et la volonté de Dieu en cela était de nous faire sortir nous autres, purs et sains, de ce conflit.

Ce que je dis de la nation, Monsieur, ne peut-on le penser, le dire, et l'affirmer de ses princes, de ceux qui marchent à sa tête ?

En de telles conditions, tant pis pour ceux qui ne veulent pas que nous marchions; tant pis autant pour ceux qui veulent que nous marchions trop vite ; qu'ils n'oublient pas, les uns et les autres, 93 et 1814; ou qu'ils reconnaissent alors appartenir entièrement à ces deux époques, et n'être plus de notre temps. Rousseau avec raison a avancé que ce qui se fait trop tôt en matière de progrès est comme perdu, et il donne pour exemple les Russes qui ne seront jamais une nation civilisée parce que Pierre-le-Grand les avait policés trop vite.

Il y a un fait bien certain, Monsieur, c'est qu'on ne change jamais le mode de constitution pour lequel a été créé un pays ; ou bien on n'arrive à un pareil résultat que par la dissolution de ce pays, ou après sa chute, qu'elle qu'en soit la cause. Voyez tous les Etats anciens ; prenez Rome, cette puissance modèle du monde; Rome n'est arrivée à l'empire qu'à sa décomposition, ou sa décomposition, si vous aimez mieux, ne date que de l'empire. Remontez à son origine et vous verrez qu'elle n'était point faite pour une royauté. La royauté ne devait être qu'un état de transition pour elle; et d'ailleurs, à y regarder d'assez près, les premières institutions de Romulus furent toutes républicaines.

Ne perdons pas de vue que la France est une nation avant tout monarchique, et qu'elle doit à jamais rester telle sous peine de décomposition; prenez-y garde. Il est une autre chose qu'il ne faut pas perdre de vue non plus, c'est le passé de notre histoire. Quand une nation est vieille dans le monde, il est permis de croire qu'elle a trop à risquer; et que, sous peine de perdre beaucoup, elle doit songer d'abord à conserver. Rome s'est anéantie pour ne l'avoir pas compris. Le difficile pour une nation c'est de se maintenir à l'apogée de sa puissance, car c'est de ce point qu'on peut dater sa marche de décroissance. Nous devons donc pour sauvegarder notre grandeur, rester une monarchie; et pour avoir chance de rester monarchie, il faut toujours que les deux principes aristocratique et populaire marchent de front. Quoiqu'ennemis en apparence, ces deux principes sont fusibles par le fait. D'ailleurs, tout gouvernement qui s'appuiera exclusivement sur l'un des deux sentira peu à peu ce point d'appui ployer sous le fardeau; et comme un niveau qui s'établit quand l'autre disparaît, l'oppressé tôt ou tard dressera la tête, et malheur alors à l'oppresseur, *væ victis!* Car enfin, il y a cette vérité de tout temps immuable, qu'on ne sort jamais d'un système exclusif que par une exagération plus grande encore. Or, cet état permanent de choses constituerait un état permanent de guerre dans la société; or encore, l'état de guerre ne peut être celui d'une société; car elle finit alors par périr.

Quoi donc qu'on tente, quoi donc qu'on fasse, on débute dès le premier pas par la fusion de ces deux principes; ou on y arrive forcément après le second. Et si ces deux principes, au début de l'existence d'un Etat, ne sont pas posés comme égaux l'un à côté de l'autre, ce triomphe de l'égalité ne se conquiert que par des révolutions, des guerres et du sang.

Or, Monsieur, il faut bien par malheur qu'on en passe par là à peu près toujours. Tout le monde n'a pas la main aussi heureuse que Lycurgue qui, du premier coup, donna à Sparte une constitution qu'elle conserva huit cents ans sans altération. Machiavel remarque que ce qui a sauvé Sparte, c'est que Lycurgue lui a pu donner un gouvernement où il établit le pouvoir du prince, celui des grands et celui du peuple. Qui ébranla donc, au bout de 800 ans, cette inébranlable constitution? c'est la cause que je signalais plus haut, à savoir : que, quand un État est vieux par les siècles, il ne doit point chercher à s'étendre, ni à conquérir: il a trop à risquer, disais-je, il doit s'étudier à conserver. C'est là l'histoire de Rome, l'histoire de Sparte et de combien d'autres empires! La tradition vaut donc quelque chose en politique. Solon, qui se vantait, non pas d'avoir donné aux Athéniens de bonnes lois, mais les meilleures qu'ils pussent avoir, s'était trompé cependant; puisqu'avant même sa mort il vit le gouvernement qu'il avait établi, renversé, et la tyrannie le remplacer. La cause? C'est que

Solon n'avait proclamé que le principe populaire.

Machiavel établit cette distinction qu'il y a six sortes de gouvernements : trois, la *Monarchie*, *l'Aristocratie*, la *Démocratie*, qui sont « *bons* en eux-mêmes, » dit-il ; trois mauvais qui ne sont que les excès de ces trois bons ; et il déduit de là que chacun de ces trois gouvernements, isolé, dure peu ; tandis que le seul gouvernement durable est celui qui se compose des principes réunis des deux autres.

Enfin Machiavel dit encore que la RÉPUBLIQUE de Rome ne fut solidement établie que du jour où les tribuns furent créés ; parce que la combinaison des TROIS POUVOIRS rendit alors la Constitution parfaite. — Le nom de Machiavel pourrait bien n'être pas lu ici sans quelque méfiance ; je m'empresse donc de vous dire que je n'ai point puisé ces citations dans son livre *du Prince*, où il pourrait, je l'avoue, être suspecté ; mais dans *son traité de la République*. Ce grand politique ne comprenait donc la république, représentant officiel du principe populaire, que soutenue par un autre principe, celui de la noblesse. Faites donc entendre cela à nos hommes de progrès, comme ils s'appellent ! En un mot, pour Machiavel la république n'est pas autre chose que le gouvernement constitutionnel. Si ce mot eût existé de son temps, nul doute qu'il ne l'eût prononcé tout au long. Il n'est pas sans intérêt non plus de remarquer qu'il faudrait être bien adroit pour établir une notable différence entre la *république* de Montesquieu, et son gouvernement monarchique. La conclusion des lois fondamentales, qu'il indique comme étant les bases de l'un et de l'autre gouvernement, ne diffère pas des principes de nos lois actuelles. Et encore Aristote, dans sa *Politique*, établit nettement une théorie des *trois pouvoirs*.

Ne trouvez-vous pas alors, Monsieur, que nos discuteurs jouent bien gratuitement sur les mots! Et quel triste jeu! Pourtant nous ne faisons que cela en politique.

Je reviens à ma pensée première; et je dis qu'en face d'un gouvernement constitutionnel, tel que nous l'ont fait deux révolutions, ceux qui demandent à grands cris le triomphe exclusif de la noblesse sur le principe populaire, déraisonnent; que ceux qui proclament comme seule possible la souveraineté populaire à l'exclusion du principe aristocratique déraisonnent aussi. Les uns et les autres avancent la ruine de leurs idées, et veulent la démoralisation de leur pays. Les gens sensés et raisonnables sont donc bien arrivés de soutenir la fusion des deux principes. Car légitimité exclusive! souveraineté populaire! ne sont que des mots à côté des grandes destinées d'une nation. Or, les mots doivent partout et toujours céder la place aux idées et aux faits: en histoire comme en philosophie, dans la science sociale comme dans les autres sciences.

J.-J. Rousseau disait, en un autre sens sans doute, mais J.-J. Rousseau disait que la justice et l'utilité devaient toujours être unies. Ici le juste, d'une part, c'est de respecter le principe aristocratique; que l'on entende par là l'illustration héréditaire qui vient de services rendus au pays par les aïeux, l'illustration personnelle qui a la même cause, l'intelligence, la richesse. Je prends toutes les choses susceptibles de choquer le peuple. D'une part donc, c'est cela. De l'autre, l'utile c'est le principe populaire, la bourgeoisie, le paysan, l'ouvrier, tout ce qui travaille et agit pour le bien matériel du pays. Retournons la proposition, Monsieur. D'une part, le juste sera encore ce que je viens d'appeler l'utile, parce que, du moment qu'il serait absurde de nier le bourgeois, le paysan, l'ouvrier, tous les bras qui travaillent au bien-être matériel du pays, il devient donc *juste* de les admettre à faire *corps intégrant* dans un Etat; de l'autre, l'utile sera aussi ce que j'appelais le juste, c'est-à-dire l'aristocratie, parce que l'utile gît aussi bien dans ceux qui font souche avec la gloire et le sol du pays, qui s'illustrent en l'illustrant, et en le servant moralement, tout autant que les autres matériellement.

Donc, le principe aristocratique et le principe populaire, chacun juste en soi, utile en soi, sont fusibles et doivent être nécessairement fondus, pour qu'une société se trouve en parfait équilibre.

N'y a-t-il pas là de quoi satisfaire tous les demandeurs? Quel républicain, s'il n'est insensé, peut exiger plus que de voir reconnaître enfin la valeur, la personne du peuple? Exiger plus, c'est vouloir la mort d'une grande idée ; parce que, je l'ai dit, avec l'autorité de penseurs plus profonds que moi, la suprématie exclusive du principe populaire tend à disparaître le lendemain de son avènement.

Quel royaliste-ultrà peut exiger plus que de voir le principe aristocratique rester à sa place et marcher de pair avec le principe populaire? Exiger plus, c'est vouloir la mort d'une autre grande idée, parce que, du jour où cela sera, la guerre envahira la société.

Une simple parenthèse à cette opposition-là qui cherche à semer à pleines mains le désordre dans le pays, tandis que nul parti plus que celui-là devrait être au fond partisan de l'ordre. Tous ses intérêts, tout son avenir, sont dans ce mot-là. Un de ses coryphées, M. de Bonald, dont j'estime et j'honore d'ailleurs la personne et le talent, a reconnu que « toute souveraineté est en Dieu, que tout pouvoir « vient de Dieu; car tout pouvoir bien constitué « doit vouloir l'ordre, et la loi qui dérègle l'homme « et trouble la société ne saurait être la volonté de « Dieu. » Demander le triomphe exclusif du principe aristocratique, c'est demander la guerre sociale; ce parti le sait bien. Tout pouvoir donc qui règnera par le désordre ou avec le désordre ne devra pas subsister (je conclus d'après les prémices de M. de Bonald); parce que le désordre n'est pas l'état normal d'une société ni de l'humanité. Le désordre en fait ne peut être qu'un état transitoire, et tout désordre doit aboutir à l'ordre. Ce parti sait donc que, si ses principes ont le dessus un moment, ils finiront, après une guerre, par succomber. C'est l'histoire de 1814 à 1830. Il faudra donc que l'ordre se rétablisse soit par le fait du pouvoir même qui l'aura suscité, et nous n'y arriverions que par le nivellement des deux éléments aristocratique et populaire, soit par le fait d'un autre pouvoir. Et de toute manière nous arrivons, nous autres, à une victoire. Donc l'ordre est la volonté de Dieu.

Voilà comment j'entends le droit divin. Le parti dont je parle le comprend-il de même ?

Poursuivons.

Je crois donc fermement, Monsieur, que la pensée politique qui remet ainsi chaque chose à sa place, c'est-a-dire le régime constitutionnel, le plus juste et le plus rationnel de tous les gouvernements, devrait réunir la nation entière autour de lui. Et si les Français étaient plus amis d'eux-mêmes, nous serions moins divisés.

Je vous ai dit que la légitimité exclusive et la souveraineté populaire n'étaient que des mots qui devaient tomber devant les faits et les idées. Je me pose donc comme antipathique aux haines contre les personnes et contre les branches.

Dans un roi je ne veux voir d'abord que la Royauté c'est-à-dire la tête du pouvoir, la constation vivante et agissante de la pensée dominante du pays, par conséquent ce qui commande le plus de respect, d'amour, de dévouement. Sous l'empire du régime constitutionnel, il faut vigoureusement appuyer ce principe que le roi disparaît dans la royauté ; et qu'avant de rechercher si l'homme mérite ce respect, cet amour, ce dévouement, il faut bien reconnaître que la royauté les commande. Toute sa force est là-dedans. Sans quoi nous serions exposés à admettre la doctrine de Wiclef qui prétendait que dans le pouvoir il ne faut envisager que l'homme ; et que le pouvoir n'est bon que de la bonté relative de celui qui l'exerce. Ceci peut être applicable tout au plus à un gouvernement absolu, mais jamais à un gouvernement constitutionnel. Autant vaudrait adopter en même temps la coutume des Lacédémoniens, qui ne voulaient point de rois bossus, borgnes, ni boiteux, et qui ne donnaient leur sanction qu'à la beauté physique. Or, comme ils suivaient la même règle à l'égard de leurs propres enfants, au moins étaient-ils conséquents dans leur conduite. Nous n'en sommes plus heureusement à rêver les théories du pouvoir conventionnel et conditionnel de Hobbes et de Locke, ni le contrat social de Jean-Jacques, pas plus que nous ne voudrions des songes creux de la *Législation primitive* de M. de Bonald. La *Royauté* par tous les citoyens doit être vénérée ; puis après libre à chacun d'aimer le *Roi*, et de reconnaître qu'en sa personne reposent les gages de notre bonheur et de notre avenir. En un mot, Monsieur, pour trancher plus en plein dans mon idée, je me résumerai ainsi : Je veux le régime constitutionnel d'abord. Avec la dynastie actuelle, créée par nos vœux, pétrie par nos mains pour ainsi dire, je n'ai nul souci; avec l'autre dynastie, je ne désespérerais point tout à fait de nos institutions, mais je ne vivrais pas sans méfiance. A toutes les deux mon respect; à l'une actuellement toute ma confiance; à l'une comme à l'autre, mon concours au besoin, s'il valait quelque chose, jusqu'à concurrence cependant du bonheur national. Si donc le roi n'est que la royauté en principe, je ne veux voir aussi dans un gouvernement qu'une machine qui fonctionne pour concourir au bien-être des peuples. J'appelle donc de tous mes vœux la communion de toutes les intelligences, de toutes les opinions, autour de la royauté, autour du gouvernement, parce que la nation doit passer avant les affections particulières.

Mais j'entends autour de moi crier à l'apostasie, à la désertion. Ce sont là encore des mots : dans une société bien assise, chez un peuple non corrompu, l'apostasie n'est pas possible. Sommes-nous ce peuple-là? demande-t-on. Pourquoi pas, s'il vous plaît. Il n'y a pas, pardon, il n'y aurait pas d'apostasie là où le bien commun, et non les intérêts privés, nous appellerait.

A quoi bon l'opposition dite légitimiste? Si par le fond elle ne désire autre chose que le maintien d'une charte constitutionnelle, si elle reconnaît, comme nous autres, l'alliance des principes constitutifs d'une société? Si elle veut autre chose, n'en parlons plus; si elle ne veut que cela, que lui importe sous quel roi règnera la charte, pourvu qu'elle assure le bonheur de la nation? Faisons cependant la part de toutes choses. Dans un espace de temps donné, je comprends les pieux regrets de ce parti, son dévouement entêté, même ses espérances de cœur. Mais après, si ces regrets deviennent stériles, ces espérances coupables parce qu'elles n'ont de réalisation possible que par un bouleversement dans la société, c'est se montrer l'ennemi de son pays que d'y persévérer. Or, du moment qu'on met le pied sur le théâtre politique, ce doit être pour travailler à l'avenir d'un peuple et non pour l'entraver dans sa marche, en cherchant à renvoyer un gouvernement qui donne l'ordre et le repos à tout le monde, défend les propriétés et le bien-être de tout le monde; surtout quand on voit ce gouvernement en lutte contre des partisans du désordre, ennemis de la propriété et destructeurs du bien-être. J'admets volontiers encore les douleurs inconsolables, les larmes intarissables; mais alors il est sage, comme beaucoup l'ont fait, de se couvrir la tête de cendres et de crêpes, et de gémir dans l'ombre en acceptant d'ailleurs le concours de son *ennemi*, quitte à le maudire tout bas. C'est une façon comme une autre de le servir sans qu'on s'en doute, et sans prendre d'engagement. Vous savez mieux que personne, Monsieur, si des sympathies de famille et des souvenirs devraient m'attacher à ce parti! J'en puis donc parler librement et sans qu'on ait droit de m'accuser de haine. Pour moi, mon pays avant tout. Et avant tous, ceux qui donnent l'ordre, le repos, la prospérité. Avec cette doctrine-là, on commence par être indifférent, puis on se trouve un beau jour contraint d'aimer.

Que si maintenant je passais à l'autre opposition dite radicale, je n'aurais qu'à répéter les mêmes paroles. Que l'une et l'autre opposition voient si au fond elles veulent le bien du pays, ou si elles combattent dans l'unique but de satisfaire des ambitions personnelles. Dans le premier cas, elles se trompent; dans le second elles seraient méprisables.

Ne blâmons cependant pas l'opposition radicale, la seule que je comprenne en nos temps, dans ce qu'elle AURAIT de juste et de sensé. En général, les pouvoirs ne se contentent pas d'être forts dans leurs subtances; les pouvoirs sont représentés par des hommes, et les hommes sont défectueux; oubliant trop souvent qu'ils ne sont que les représentants du pouvoir, ils s'en font la personnification. Et s'ils cherchent à fortifier le pouvoir, il est à craindre au fond que ce soit à leur profit. C'est malheureusement une vérité incontestable, que tel bon que serait un gouvernement en lui-même, il finirait par s'étourdir de sa propre force, et tendrait sinon à la tyrannie, du moins à l'extension des prérogatives; car ceux qui possèdent, selon l'expression de Machiavel, ont désir de plus posséder. Il importe donc, pour maintenir l'équilibre, non pas que l'on confie, comme le veut ce Florentin (1), la garde de la liberté arbitrairement au peuple, parce qu'il ferait de cette liberté un plus mauvais usage encore ; mais que le peuple ait toujours des mandataires exclusifs, en dehors du pouvoir, chargés de surveiller ses intérêts, d'exagérer peut-être ses besoins afin qu'on les respecte dans de bonnes limites; et condamnés au triste rôle de suspecter même quelquefois les actes du pouvoir, afin d'en savoir dès l'abord le dernier mot. Mais, Monsieur, il ne faudrait pas perdre de vue que je n'entends point établir par là une lutte de la démagogie contre le pouvoir. Les intérêts mêmes du peuple s'y opposent. Et quoi qu'en dise encore Machiavel, on peut, il faut blâmer les querelles du Sénat et du peuple romain. Ce n'est point pour cela condamner le principe de la liberté. Car il est plus raisonnable d'espérer de bons effets sans crise et sans bruit, et j'avoue, contre lui encore, qu'il y a là de quoi très bien effrayer. Je souhaiterais seulement que les gardiens avancés des libertés du peuple fussent tout simplement des soldats au port d'armes, sans haine contre les gouvernements qu'ils doivent au contraire défendre, respecter, et protéger à l'égal de ces libertés qui n'émanent, au fait, que des gouvernements. Il y a là, la différence que j'ai établie déjà entre un principe qui est rarement faux en lui-même, et ses

(1) Toujours dans le *Traité de la République*.

conséquences, ou plutôt ses inconséquences qui s'en éloignent toujours de toute la distance qui sépare le bons sens de la folie. Il importe donc que les surveillants des libertés populaires ne soient pas un obstacle à la marche des affaires et qu'ils les aident, au contraire, de tous leurs moyens, au lieu de les entraver, sous peine de compromettre et de perdre peut-être le précieux fardeau qui leur est confié; car il est clair et patent, je ne cesserai non plus de le répéter, que du jour où un pouvoir aura adopté en principe que le peuple est l'objet de ses soins constants, sinon exclusifs, ce pouvoir ne peut faire autre chose, sous peine de se détruire lui-même, que d'arriver à l'amélioration totale du bien-être de ce peuple. Mais il ne faut pas non plus perdre de vue que le peuple n'est pas l'unique élément constitutif de la nation, et que le pouvoir courrait à une égale destruction s'il négligeait l'autre élément qui est celui de l'aristocratie. Et personne n'est plus à même qu'un pouvoir de se rendre compte, si quand il entreprend une réforme à certains moments, elle ne doit ébranler que la surface ou le fond de la société. En un mot, son devoir est, non pas de tendre à affaiblir le principe aristocratique pour donner au principe populaire tout ce dont il l'aura dépouillé, mais à maintenir le premier dans les limites de la raison, pour initier l'autre progressivement à la jouissance des conquêtes nouvelles.

Mais je le redis encore : si les gardiens des libertés

du peuple outrepassent leur mandat, ils ruinent les bases de l'œuvre qu'ils sont chargés de féconder ; car à toute attaque directe, défense égale ; à tout empiétement inopportun, représailles. Et pour conclure, au bout de ces tiraillements et de ces luttes temporaires entre les deux principes, ce qui signifie désordre, on trouve une révolution, c'est-à-dire le triomphe tyrannique du principe aristocratique ; car il faut bien ici être de l'avis de J.-J. Rousseau et de l'histoire, qu'il est impossible au plus grand nombre de *gouverner* au détriment du moindre, ce qui n'est point un paradoxe. Il y a dès lors dissolution dans la société, parce que le combat continue. Et enfin, pour peu que la dissolution dure, vient l'avilissement ; et c'est là une triste et déplorable destinée qu'il faut accomplir sans espoir de réveil.

Et ce n'est pas tout ; ces gardiens des libertés outrepassant leur mandat jettent dans l'esprit du peuple de fausses idées d'égalité et de morale. Ce que le peuple voit outrager par ses représentants, il l'outrage ; ce qu'il leur voit respecter, il le respecte. Mais d'outrage en outrage, d'irrévérence en irrévérence, il arrive toujours à trouver trop douces les leçons de ses maîtres, s'arme à son tour de la férule, et se croit en état de régenter. Nous savons de quelle façon il s'y prend. C'est là une déplorable illusion, car, comme dit Pascal, « encore que les opinions du « peuple soient saines, elles ne le sont pas dans sa

« tête, parce qu'il croit que la vérité est où elle n'est « pas. La vérité est bien dans leurs opinions, mais « non pas à ce point où ils se la figurent. »

Ce serait fort beau, n'est-ce pas, Monsieur, que tant de sagesse régnât parmi nous ! Mais hélas ! nous sommes bien loin de cet âge d'or, et les tristes vérités que nous recueillons tous les jours par les yeux et par les oreilles, nous cuirassent contre de meilleures espérances ! Ce serait presqu'une folie que de se bercer de si glorieux rêves !

Mais savez-vous bien ce qui empêche la raison *d'avoir raison* en politique ? Mille choses, et deux principalement : les grands discours dont je vous ai entretenu plus haut, qui établissent de fausses théories, et les journaux qui en font autant, et pis. Comprenez bien les causes de ce double malheur. En général les journaux sont des engagés que tel parti, tel homme, prend à son service. Quand leur conscience les y porte naturellement, c'est au mieux ; mais cela est rare. Ou bien encore les journaux sont les vases d'élection où les partis et les hommes versent le plus pur de leurs pensées, les miroirs où ils viennent se contempler ! Par conséquent les journaux sont les échos fidèles et abrégés des discours qui ont volé aux affaires le meilleur de leur temps. Ce qui fait que le mal embouche une double trompette pour clamer sur le monde et se répandre. Ce n'est pas assez que le discours soit prononcé, il faut encore qu'on le trouve beau, et la louange est si douce que chacun est tenté d'en goûter.

Voilà en quoi les journaux ont largement contribué pour leur part à étouffer toute possibilité de faire de la politique une science réelle et positive; non pas, Monsieur, qu'il manque dans le journalisme d'hommes capables, d'esprits profonds, d'intelligences nettes et ardentes, propres à jeter la lumière partout où elles apparaissent! Dieu me garde de le dire. Mais pour bien saisir ce que j'avance, il suffit de savoir de quelle façon les journaux sont forcés de comprendre la politique. A part les nuances d'opinions et le grand écueil que je viens de vous signaler, il y a dans le journalisme deux manières d'écrire la politique. L'une alerte, vive, inconstante, toujours galopant, emportant dans son tourbillon les événements qu'elle soumet aux caprices, aux chimères et aux évolutions de ses besoins personnels; se fourvoyant mal à propos dans des ténèbres imprévues, discutant sans cesse, approuvant, glorifiant aujourd'hui ce que demain elle reniera et dédaignera. Puis tout à coup changeant brusquement d'allure, et vous laissant en chemin; tout cela contre sa volonté souvent, car elle est esclave des éventualités. De cette politique ainsi faite, vous le comprenez, Monsieur, il ne peut, il ne doit sortir rien de bon, rien d'utile pour l'instruction des masses qui en recueillent rarement autre chose que le jugement réciproque que les journalistes se portent les uns sur les autres ou sur leurs amis, et les amis de leurs amis. Survienne un évènement ; tel grave qu'il soit, telles influentes que paraissent devoir être ses conséquences, le journalisme, sans perdre un jour, en saisit la silhouette avec un empressement d'affamé. (Car il est reçu que le plus pressé est toujours le mieux informé et le plus capable.) Pour lui, c'est d'abord de la pâture, il n'en demande pas davantage... Et au lieu d'apporter dans l'examen de ce fait le sang-froid et la réflexion indispensables à un jugement, il s'élance aussitôt dans les plus funestes divagations, entassant ombres sur ombres, ténèbres sur ténèbres, si bien que, quand il s'agit de se retrouver dans ce chaos il ne reste plus un seul rayon de lumière pour éclairer l'esprit. Il n'est pas douteux cependant, le bon sens l'explique, que l'aspect sous lequel un évènement se présente aujourd'hui, dès sa naissance, ne doit pas être le même que celui sous lequel il se présentera demain, dans trois jours, dans un mois, après qu'il aura subi toutes les phases qu'il lui est donné de parcourir. Mais le journalisme n'y regarde pas de si près ; et il semblerait vraiment que la gloire de Mathieu Lænsberg rende jaloux ces astronomes politiques qui pensent hâter à leur gré la maturité d'un évènement. Cela ne leur coute pas grand' peine ; d'un tour de main, ils en ont dessiné la silhouette ; en deux lignes ils l'ont poussé à travers toutes ses périodes ; et en quatre mots ils vous en déduisent toutes les conséquences. Remarquez qu'à peine déjà l'événement a paru sur l'horizon politique, et que de plus fins qu'eux ignorent encore quelle direction il va prendre. Ces conclusions pressées du journalisme, plus ou moins burlesques d'ailleurs, plus ou moins fondées sur la mauvaise foi, ne sont à tout prendre que le désir de ses rêves, et presque jamais le résultat d'un calcul auquel tout a manqué, le temps et la réflexion, pour le faire même probable. Le journalisme comprend si peu son importance, qu'il ne veut pas voir qu'avec de la patience, du bon sens, de l'observation, et d'abord du talent, s'il laissait seulement à la graine le temps de devenir fleur, il en pourrait éclore souvent un beau fruit. Mais cela est si loin de ses habitudes qu'il n'est pas rare pour un homme calme, éclairé et réfléchi, à qui il prend fantaisie de suivre ces soubresauts et de toucher avec le journalisme au but qu'il avait marqué, de rencontrer un abîme entre l'accomplissement réel du fait tel que sa propre nature l'a produit, et le cul de sac où le journalisme s'était fourvoyé. Ce qui détruit dès lors, comme vous le voyez, Monsieur, toute possibilité d'asseoir aucune espérance, aucune certitude sur un pareil instrument politique.

Un homme qui réfléchit s'aperçoit de cela ; mais comme la majeure partie des lecteurs ne se donne pas la peine de réfléchir, ou ne le sait pas, elle boit l'erreur jusqu'à l'enivrement; sans compter que les coupables ne se mettront pas en frais de justification, et qu'ils ne se confesseront jamais de leur ignorance ou de leur mauvaise foi. Cela mène loin. Je maintiens donc, Monsieur, que cette façon d'écrire la politique est inutile et sans résultat. On prétend qu'elle est nécessaire et indispensable; jusqu'à meilleure preuve, j'affirme que non. Il n'en résulte, à mon croire, que des erreurs que l'influence du journalisme propage dans le public.

La seconde méthode est celle de nos *Revues*. C'est l'histoire de la semaine, de la quinzaine ou du mois. Là le temps, le sang-froid et la méditation doivent être forcément en jeu. Cette méthode serait plus utile en un sens; elle laisse passer les évènements en les annotant; puis elle attend, et les ayant étudiés dans leur marche, elle démêle l'écheveau. Mais n'allez pas croire que tout y soit exemplaire. Elle *serait* (vous devez remarquez que je me sers souvent du conditionnel futur) la meilleure : mais les *revues*, comme les journaux, sont sous les mêmes influences personnelles, dans la même mauvaise voie; et elles quittent volontiers l'étoile de la vérité pour suivre le panache plus ou moins blanc de quelque ambitieux.

La presse n'a donc pas compris ou n'a pas voulu comprendre sa mission. La position trop libre (je me sers de ces mots en vue de mon système, et ils ne signifient pas que je condamne la liberté de la presse), la position trop libre, dis-je, que la presse occupe dans un gouvernement constitutionnel lui donne cependant une faculté d'initiative qu'elle ne prend toujours qu'à faux ou selon son bon plaisir. Comme un tirailleur en embuscade, elle épie et fait feu sur quiconque ose produire au monde une idée contraire à ses rêveries. Ce que j'ai dit des beaux discours, je le répète des beaux articles de la presse. Si les journaux, comme tous les organes politiques, avaient une ligne marquée à suivre, leur influence dans le monde serait énorme, et le bien qu'ils produiraient serait réellement grand.

Une science politique bien faite peut seule tirer la presse de son ornière et mettre le gouvernement dans de bonnes eaux. Il en est de cette science comme de toutes les autres qui, bien faites, forment de bonnes langues, et à plus forte raison de bons adeptes.

Voilà donc, Monsieur, dans mon système, les organes politiques, que ce soit le Député, le Pair ou le Journaliste, appuyés sur des données positives, ne parlant ou n'écrivant que d'après des règles ou des lois immuables, contraints à rester dans le vrai, et condamnés au silence s'ils en sortent. En même temps plus rien de flottant ni d'incertain non plus dans le pouvoir, et les bases d'un gouvernement une fois bien établies ainsi, chacun sachant d'avance dans quels chemins il marche, et vers quel but il tend.

La prospérité matérielle du pays, qu'on pourrait croire au premier abord lésée par l'application d'une politique scientifique, y gagnerait infiniment. Car distinguons : autre chose est la politique en elle-même, autre chose le maniement et la connaissance des affaires qui supposent tout de suite des études spéciales et une lente expérience acquise par de longs travaux. L'éducation des gens d'affaires est donc toute faite ; ils apportent en entrant au pouvoir ou dans les courants du pouvoir des garanties de capacité. Mais en France où les idées sont le point culminant de la politique, il n'est pas possible que les hommes d'affaires s'accaparent de l'administration ; je dois même convenir qu'il en résulterait quelque peu de mal. Il faut donc alors pour ne pas détruire la part du bien que dans leur sphère il leur est accordé d'accomplir, donner pour ainsi dire en proportion égale l'expérience pratique des idées aux penseurs qui s'égarent faute de but, et qui ont besoin nécessairement d'être régentés, nous l'avons prouvé. La prospérité matérielle n'a donc rien à perdre, puisqu'elle reste dans son état présent ; et elle a tout à gagner en ce sens que les idées étant bridées et se reconstituant, influeraient favorablement sur les affaires que nous avons vues chancelantes, tourmentées, entravées par le dévergondage des idées.

Il ne faut pas se le dissimuler, le premier soin d'un

gouvernement quel qu'il soit, avant de rien entreprendre, dans la position où le mettent nos tristes comédies quotidiennes, est de se défendre d'abord contre les attaques systématiques et contre les erreurs étudiées des partis. Car la première condition pour agir c'est d'exister; cela fait, il tombe épuisé de fatigue. Aucun bien ne sort donc d'aucune administration, parce qu'en conscience le conflit et les luttes anéantissent tout, sans rien produire. Tandis qu'une fois que les principes généraux d'une politique auront été établis; que les erreurs seront reconnues être définitivement des erreurs, et les vérités proclamées être des vérités inviolables; que les esprits brouillons seront enfermés dans des limites qu'ils avoueront eux-mêmes être impossibles à franchir; alors un gouvernement sûr de son terrain pourra travailler librement, largement, à l'amélioration matérielle du pays, et aider au temps à pousser aux améliorations morales. Nous ne prenons pas assez garde, Monsieur, à ceci : que du moment qu'un Pouvoir doute, il chancelle; et que du moment qu'il chancelle, toutes les passions se soulèvent et s'ameutent autour de lui. Je suppose toujours que je m'adresse à des gens qui veulent le bien; et je conclus par conséquent qu'ils doivent avoir peur de ce doute, car de là découle, comme l'a dit encore M. de Bonald « la déchéance de la civilisation, ou l'impossi-

« bilité d'y parvenir. » Qui voudrait de cette alternative pour la France?

Cette égale mesure de tempérance dans les affaires et dans les idées aboutit ni plus ni moins qu'à la force, à la bonne constitution dans le Pouvoir, et à la stabilité. Le bonheur des nations ne peut avoir d'autre source que celle-là.

Durant que je vous ébauchais cette lettre, Monsieur, des amis diamétralement opposés à mes idées politiques, mais de l'amitié desquels je ne suis pas moins fier, comme je leur suis reconnaissant de me rester fidèles, ne me virent pas sans défiance tant appuyer sur le principe de la stabilité et de la durée du Pouvoir, au moins quant à certains de ses membres; et me plaisantèrent fort sur l'insistance que je mettais à revenir sans cesse sur la même pensée. Entr'autres objections ils me posèrent comme une crainte de leur part, que les ministres, sûrs de leur espèce d'inamovibilité, ne finissent par faire du budget de la nation le budget de leur propre famille, et ne plongeassent les mains jusqu'aux coudes dans les coffres de l'Etat. Pour exemple, ils me citaient que la première partie de ceci se faisait quotidiennement, sinon la seconde. Le premier argument que je mis en avant, Monsieur, fut que je regardais cet abus présumable, comme tout à fait secondaire à côté de la prospérité du pays; et par le fait, je le pense. Ils se récriaient toujours; mais s'acharnèrent un peu moins quand je leur eus lu le passage suivant d'un remarquable travail sur lord Grey, par un membre du Parlement Anglais. Il déracine complètement, comme vous allez voir, leur système. Il y est rapporté que Lord Grey, pendant ses ministères, gratifia sa famille en emplois, et pensions de 80 à 100 mille livres sterlings; et l'auteur ajoute à ce fait cette judicieuse observation que nous pourrions appliquer aussi à notre pays : «C'est là, dit-il, un des vices particuliers « du gouvernement représentatif en Angleterre. Les « formes de notre constitution, notre admirable sys- « tème financier rendent bien à peu près toute con- « cussion impossible aux ministres. On n'entend pas « dire, on ne soupçonne même pas qu'aucun d'eux « se soit secrètement enrichi lui-même en exploitant « sa position. Au contraire, les hautes places du gou- « vernement, par la représentation qu'elles impo- « sent et le médiocre salaire qui les récompense, « sont plutôt des charges que des bénéfices. Mais en « compensation, nos ministres se sont toujours mon- « trés fort prompts à mettre la main sur tout ce « dont ils pouvaient légalement s'emparer au pro- « fit de leurs enfants, de leurs amis et de leurs pa- « rents. Le même homme qui frémirait à l'idée de « détourner indument un schelling du trésor public, « établit et pensionne sans remords ses fils, ses frè- « res, voire même les femmes de sa famille, aux dé- « pens des coffres de l'Etat. *C'est dans notre forme de*

« gouvernement l'extrême instabilité du Pouvoir qui rend « peut-être irrésistible cette tentation d'employer vite « à doter les siens les courts moments qu'il peut durer. »

Je leur lus ce passage, Monsieur, comme je vous le transcris, sans commentaires.

Tout exige donc que les pouvoirs soient stables, et bien stables ; tout, les causes générales, comme les faits de détails.

Cet épisode ne m'a point paru hors de saison, puisqu'il m'a fourni un argument en faveur de mes principes.

Mais, s'écrie-t-on, ne vous préoccupez pas tant de la tête ; elle seule ne fait pas le pays ; regardez un peu au dessous. Et peu s'en faut, Monsieur, qu'on ne me montre les dents pour avoir dit que le gouvernement doit d'abord s'occuper des affaires et de la prospérité matérielle de la nation ; et seulement aider le temps à opérer les transformations morales. Mais fais-je si bon marché de la masse du peuple ? Non. Car j'ai assez insisté, je crois, sur cette nécessité, qu'il ne fallait jamais méconnaître ses droits, car je n'oublie pas qu'il est acteur aussi, lui, dans le grand drame de l'humanité ; et que sa présence aide prodigieusement au rouage de la civilisation. Mais ce peuple, avouez-le, est incapable de comprendre la politique, qu'elle soit ou non une science ; bien mieux, il n'a pas besoin de la comprendre, et par le fait, il ignore ce que c'est. Le peuple, en effet, est étranger aux transformations morales dont il subit l'influence naturellement et sans s'en apercevoir. Ce qu'il faut au peuple avant tout, dans le présent et dans l'avenir, c'est le bien-être matériel; et ceux-là même qui prêchent si fort en sa faveur empêchent qu'on le lui donne; et si vous voyez le peuple jamais apparaître sur la scène pour demander qu'on fasse avancer d'un pas le système de son amélioration morale, c'est qu'il est travaillé par des ambitieux.

Et ces ambitieux croiront avoir beaucoup gagné pour lui, parce que le Pouvoir, cédant à leur impatience irréfléchie, aura adopté quelques mesures de détails, les seules qu'il lui soit permis en temps inopportuns d'octroyer, sous peine de détruire et soi-même et l'avenir de la société. Pour les calmer d'ailleurs, il n'en faut souvent guère plus. Si je n'y trouvais au fond de graves conséquences, je dirais bien au pouvoir : Donnez, donnez toujours, puisque cela les satisfait. Mais les mesures de détails sont ce qu'il y a de plus funeste en politique, et pour ceux qui les provoquent, et pour ceux qui les concèdent ou les introduisent par bon vouloir.

Pour ceux qui les provoquent :

En ce que les mesures de détails n'approchent jamais du but qu'en apparence, et trompent l'œil. Difficiles à obtenir, pénibles à établir, il est aisé pour ceux qui les donnent par force de les anéantir adroitement, et de retourner au point de départ sans même qu'on s'en aperçoive. Elles sont donc un leurre.

Pour ceux qui les concèdent de bonne grâce;

En ce qu'elles détruisent toute possibilité de songer aux réformes générales qui seules portent fruit quand on les a laissé mûrir et venir à temps, ce qui ne peut manquer de se manifester toutes les fois qu'on n'en précipite pas le moment.

Un des hommes d'Etat les plus éminents de l'Angleterre, sir Robert Peel, s'est entêté du principe contraire; il croit, et le dit sans cesse, que le devoir d'un ministre consiste à travailler sur les choses de détails, et à ne jamais introduire de *grands changements*, à moins que d'y être *forcé*. C'est une fatale erreur qui mènera loin son pays; il n'a qu'à regarder autour de lui pour s'en convaincre. Tant pis pour qui ne possède pas en politique cet instinct de divination qui fait pressentir toujours l'heure des grands changements. Malheur à qui laisse arriver le moment indispensable, celui où l'on *force;* car ce moment-là n'arrive jamais sans secousse sociale.

En somme donc, ceux qui demandent incessamment des mesures de détails, croyant les jeter comme des jalons sur la route, pour au bout en les additionnant, trouver un grand total, se trompent étrangement. Ils ne trouveront rien. Ceux qui préviendront ces mesures commettront la même faute. C'est là un travail qui use inutilement et les hommes et les idées, et qui aboutit à l'avortement.

Je dis donc, Monsieur, que ce ne peut être que des

ambitieux qui poussent le peuple à faire ces fréquentes apparitions, parce que je reconnais que le peuple livré à ses instincts naturels a plus de bon sens que personne; et que de son propre mouvement il n'exigera jamais ce qu'il sait, sans s'en rendre compte, être préjudiciable à ses intérêts. Et la meilleure preuve que ces démonstrations intempestives ne sont que des chimères écloses dans l'imagination de pâles rêveurs, c'est qu'elles n'aboutissent qu'à des émeutes; et les émeutes sont toujours la négation complète de la volonté populaire; car leur sort est de se disperser devant les baïonnettes ou l'écharpe d'un officier public; et elles ont de plus le tort de jeter de la défiance dans les gouvernements. Tandis que lorsque le peuple descend sérieusement dans l'arène politique, il le fait tout bonnement à l'aide d'une révolution. Voilà l'affirmation réelle, la raison de la volonté populaire. C'est qu'alors les vœux qu'il émet, les intérêts dont il demande le triomphe, sont clairs, sensés, nécessaires. Une révolution est toujours une sanction en tant qu'elle ne s'écarte pas de son principe; une révolution n'est jamais le fait de complots, de menées, de sociétés secrètes qui n'arrivent tout au plus qu'à des séditions; une révolution se dresse tout à coup à des heures inattendues: au premier cri qu'elle pousse, un pays tout entier se lève les armes à la main comme par enchantement, et marche sans savoir à quelle voix puissante il obéit. C'est l'instinct de tout le monde qui crée une révolution, et voilà pourquoi elle doit toujours avoir raison. Ceux qui disent l'avoir préparée et l'avoir faite, se trompent en un sens. Gardiens avancés d'un principe, ils combattent pour le maintien de ce principe. S'il est sensé, le temps en réchauffe le germe, et il éclot un beau jour au soleil d'une révolution, sans que ces gardiens dévoués aient pu s'en apercevoir, s'en rendre compte ou seulement l'espérer! Il arrive peut-être qu'une révolution soit repoussée du premier coup; mais ne vous y trompez pas, le moment du triomphe n'est que retardé. Comme il se peut aussi qu'une émeute soit victorieuse un jour; mais soyez sûr que le lendemain elle s'épuise et succombe au moindre effort; parce que, je le répète encore, une émeute est une négation, et une révolution une affirmation.

Donc le peuple, en des temps de calme, de bien-être général et de repos, s'assemblera pour demander du pain s'il en manque, mais jamais pour réclamer ce dont il ne lui est pas donné de se rendre compte hors de saison. Dieu ne lui ouvre l'esprit qu'un moment, à propos et quand il le faut, pour le refermer aussitôt après. C'est cela qui est la garantie d'ordre d'un pays. Si le peuple y voyait toujours, il n'y verrait souvent qu'à demi, et qui ne voit qu'à demi voit toujours à faux. Vous qui vous dites ses amis, gardez-vous donc de forcer son intelligence à balbutier, quand au besoin elle sait parler pour son propre compte, si bien et si haut; ou alors on dira que vous n'êtes que ses exploiteurs. Le pâtre le plus ignorant sait que sa vie, que ses moutons, que ses pâturages sont protégés par une loi; et il ne s'inquiète pas de savoir comment est faite cette loi; il se contente de la deviner. Laissez-le donc croire aussi que ses droits politiques, son avenir moral sont bien établis, bien gardés, bien défendus, et il ne s'inquiétera pas de savoir comment, pourvu que cela soit. Qu'on montre un peu de respect pour ce que M. Guizot appelle si judicieusement « l'instinct moral du « monde qui est aussi, dit-il, une grande autorité, » et qui fait voir plus clair à ceux qu'on veut éclairer que toutes les niaiseries dont on les aveugle.

Pour ce qui touche à l'amélioration morale, à l'éducation intellectuelle du peuple, ces prétendus amis n'ignorent pas plus que vous et moi, Monsieur, que le gouvernement constitutionnel est, par sa propre nature, la garantie la plus formelle du triomphe proportionné du principe populaire. Eh! mon Dieu! ne sont-ils pas eux-mêmes la preuve la plus évidente que les portes sont ouvertes à toutes les intelligences. Ne comptons-nous pas parmi nos représentants d'anciens marmitons, des marchands, des boutiquiers, tout aussi bien que des grands seigneurs? Se croient-ils donc sortis de la plus pure souche aristocratique pour qu'ils prétendent que le peuple n'arrive à rien, que les lumières ne descendent pas jusqu'à lui! Les a-t-on arrêtées en route pour eux, ces lumières? Ils le savent bien, allez, Monsieur; mais c'est si glorieux que de pouvoir bavarder pendant deux heures sur des niaiseries, sans avoir égard si le pays en peut souffrir?

La science politique posera donc nettement les principes, et en même temps aura ce grand avantage de rassurer le pouvoir en l'asseyant solidement, et par contrecoup immédiat de hâter le bonheur matériel de la nation; alors nous verrons le bien général l'emporter sur les intérêts particuliers; le contraire de ce qui se pratique aujourd'hui, où les rancunes et les criailleries d'un seul homme suffisent pour ébranler un gouvernement.

L'absence de données positives sur la politique fait d'ailleurs, Monsieur, que l'on confond trop souvent volontairement des choses parfaitement distinctes, et qui ne demandent qu'à être séparées pour se bien comprendre, partant pour éviter bien des conflits. C'est ainsi que l'on accumule sur la tête d'un gouvernement des fautes qui lui sont étrangères. Ainsi on ne prend pas assez de garde à ce que le pouvoir peut, dans les limites de son autorité, de sa volonté, de sa force, donner au pays; et à ce qu'il est en droit légitime d'exiger de la réciprocité des citoyens pour marcher convenablement.

Que faut-il, en effet, demander à un gouvernement? Que faut-il qu'il donne? L'ordre matériel, la tranquillité matérielle, la prospérité matérielle, cela et rien de plus. Entendons-nous cependant, cela et rien de plus, en tant que le pouvoir agit séparément dans sa sphère individuelle.

Que faut-il exiger de chaque citoyen agissant également dans sa sphère individuelle? La moralité, son concours dévoué au développement des idées et de la prospérité intellectuelle.

Toutes choses qui s'acquièrent, d'un côté pour le Pouvoir : par la toute puissance, par l'autorité, par la force au besoin; d'autre part pour les citoyens : par le respect à la religion, par le désir de l'éducation, par la soumission aux lois. C'est en un mot ce que J.-J. Rousseau appelle l'acte d'association qui renferme un engagement réciproque : comme membre du souverain envers le particulier; comme membre de l'Etat envers le Pouvoir.

Mais comme de fait le Pouvoir ne peut pas agir individuellement, pas plus que les citoyens, il arrive nécessairement que, dans la fusion des devoirs, chacun apporte son contingent; que si le gouvernement doit tirer sa force, son autorité et sa toute-puissance de l'appui des citoyens, c'est-à-dire de la somme de religion, d'éducation et de soumission qu'ils apportent, ce qui constitue l'ordre, la tranquillité, le repos; en même temps il est obligé, lui aussi, à produire et développer les moyens d'éducation et de religion, c'est-à-dire la moralité. Si donc le pouvoir n'est pas fort, il est en droit de s'en prendre aux citoyens; si les citoyens n'ont ni religion, ni éducation, ils sont aussi en droit de s'en prendre au pouvoir. Mais il importe de ne jamais confondre.

C'est que par malheur, tout est faussé en France, tout est confondu, et sciemment qui plus est, et par les esprits de qui on pouvait le mieux espérer. Cela vient du désordre et de l'irrégularité qui régnent dans les idées. Que si l'on savait à quoi s'en tenir, croyez-vous (je prends un exemple entre mille) qu'il arriverait à un jurisconsulte d'oser dire à un JURY qu'il est un CORPS POLITIQUE! et lui demander non pas de rendre un verdict judiciaire, mais d'établir un principe politique. Il y a là, à coup sûr, une confusion d'idées et de faits que la présence seule d'une science positive, exacte, détruirait. Tout est permis, du moins tout est possible, dans la sphère des idées comme dans celle des faits, du moment que le désordre est maître. N'importe dans quelle science mal venue, mal établie, mal posée, mal expliquée, le premier ignorant venu est libre de dire toutes les sottises qui lui passent par la tête; mais du moment que l'ordre règne dans cette science, les imbéciles sont chassés de son domaine au milieu des rires. Que le Jury soit un corps politique de par un arrêt de la science politique, je le veux bien; mais comme de par une loi plus puissante que les divagations d'un homme égaré, le Jury est une institution purement judiciaire, je ne reconnais pas qu'on dénature cette institution.

Pour sortir donc de ce tohu-bohu, il importe que nous soyons définitivement fixés, en France, sur les limites où commence et où finit la Politique.

Mais par qui, me demandera-t-on, sera faite cette science? Qui se croira assez osé pour entreprendre un pareil travail?

Je répondrai à cette question par une autre question :

Par qui a été fait le code? Qui a sanctionné la loi?

Sont-ce les gens qui ne possédaient pas qui ont établi les limites de la propriété?

Sont-ce les assassins qui ont voté les peines que la loi prononce contre eux?

La science politique doit donc être faite par ceux qui ont intérêt à ce qu'elle existe. Or, personne ne doit plus souhaiter la stabilité dans les affaires que le gouvernement, que le pouvoir; parce que personne n'est plus à même que le pouvoir de sentir que la force, la raison, ne sont que dans la continuité. L'état contraire est un état de faiblesse, d'inquiétude, d'incertitude, de tâtonnement; et nous savons ce qu'on trouve au bout de cela.

Est-il possible à un gouvernement toujours incertain et luttant, je vous le demande, de remplir des engagements pris envers le pays?

Non.

Est-il possible à une nation qu'on détourne du courant naturel de ses idées, de ses intérêts, de ses besoins présents, pour la jeter dans un Océan d'espérances décevantes, d'illusions coupables; est-il possible, dis-je, à cette nation de remplir aussi les termes de son contrat envers le pouvoir ?

Non.

Les fautes s'accumulent alors de part et d'autre. Tel gouvernement qui se trouve responsable des fautes commises par son prédécesseur, en commet de nouvelles, conséquentes de celles-là qu'il n'a pu faire disparaître; et le torrent s'en va grossissant ainsi de jour en jour. Par une admirable prévision, le régime constitutionnel, comprenant que de là pouvaient découler des malheurs immenses, « pour conjurer, « dit M. Guizot, les grandes secousses politiques, a « réduit à des questions ministérielles les divers sys- « tèmes de gouvernement. » Nous nions ou n'adoptons toutefois ce remède que comme un moindre mal préférable à de plus grands maux. Vous le comprenez, Monsieur, parce que ce serait donner trop beau jeu aux ambitieux qui ne vivent à l'aise qu'au milieu des crises ministérielles. Ils ne demanderaient pas mieux que de trouver dans cette pensée une raison toute faite, une excuse toute préparée pour leurs menées. Car nous sommes loin du temps où le cardinal de Retz disait à la reine : « Est-il possible, Madame, « que l'on me croie assez impertinent pour m'ima- « giner qu'on puisse devenir ministre par la faction. »

Mais il faut nous hâter d'admettre le remède quant à présent sous peine de voir se réaliser cette autre parole pleine de bon sens et de vérité du même cardinal de Retz, « que la plupart des hommes ne font « de grands maux que par les scrupules qu'ils ont « des moindres. »

Ce remède, Monsieur, est un des symptômes de l'enfance du régime constitutionnel. Si ce mode de gouvernement est le plus essentiellement rationnel, comme je vous l'ai dit, nous ne devons pas perdre de vue qu'il est aussi le plus difficile à perfectionner; et que ce qui plus tard doit constituer sa force, dans les premiers temps de son existence, devient précisément la cause de sa faiblesse, de sa défaillance, et de ses déchirements intérieurs. Le régime constitutionnel est la réalisation complète des espérances de deux principes toujours en présence et toujours prêts à se combattre. C'est la fin. Il ne faut pas disconvenir que du premier coup la paix ne peut être signée entre les deux partis. L'un demande toujours plus qu'il ne doit avoir; l'autre regrette et voudrait reconquérir ce qu'on lui enlève. C'est là le début. Quand les haines de castes seront sincèrement apaisées, quand la noblesse aura reconnu qu'il faut bien céder un peu à qui n'a pas; quand le peuple se contentera de ce qu'on lui donne, et ne réclamera pas la totalité pour reconstituer à son profit de nouveaux privilèges, alors viendra la force du régime constitutionnel. Ces éléments de force précisément l'affaiblissent en ce moment. Ceux qui disent que le régime constitutionnel est irréalisable se trompent ; ceux qui voudraient le voir dès à présent dans toute sa splendeur, ne se trompent pas moins. Il en est de cela comme de toutes les grandes expériences du monde, qui ont besoin d'un temps d'épreuve et de tâtonnement. Le régime constitutionnel vient à peine de se lever à l'horizon, il en est encore à son aurore. Nous sommes, nous, les *sujets* sur lesquels il doit s'étudier. C'est tant pis pour nous, mais cela est ainsi. Il faut bien nous soumettre, mais en regardant l'avenir, et en nous dévouant en bons aînés pour les générations futures.

N'ayons pas toutefois les scrupules dont parle de Retz; prenons ce remède, il est vrai, comme un remède passager que le temps doit détruire; mais défions-nous-en, car les bouleversements ministériels sont dangereux, aussi dangereux que les remaniements fréquents de chambre; et je pense que c'est une grave erreur de la part de M. Guizot que de croire que dans aucun cas il faille « en appeler aux élections « partielles et fréquentes pour rompre une majorité « factice et dangereuse, pour déjouer un mauvais « système de gouvernement. »

Oui, dans un cas de majorité factice et flottante, il est bon d'en rappeler au pays; mais voyez quel abus! et quelle déconsidération tombe d'aplomb alors sur un ministère. Car toute dissolution doit porter nécessairement en soi le symptôme d'une défaillance, ou tout au moins d'une arrière-pensée; et l'on gouverne difficilement quand on est entaché de suspicion.

Oui certes, les remaniements ministériels sont dangereux, car chaque crise est une secousse apportée au Pouvoir; et de crise en crise le Pouvoir peut arriver à n'être plus qu'une ombre que le souffle des passions et des ambitions fera tournoyer de droite et de gauche.

Il existe en général un préjugé fatal qui consiste à se persuader et à faire croire aux autres que la longue vie politique des hommes d'État n'est possible que dans les gouvernements absolus. Dans mon idée, c'est admettre tout de suite que le régime constitutionnel traîne après soi des éléments de désordre et de destruction, car je vous l'ai dit, Monsieur, je regarde comme déplorables les changements ministériels fréquents. Et je ne puis admettre que chaque question nouvelle inflige la nécessité d'un remaniement ministériel. Ou les ministres s'entêtent à faux d'un système, ou la majorité n'est plus la règle de conduite. Nulle décision n'est prise sans qu'elle se soit prononcée, donc il faut se soumettre à son autorité, ou la nier complètement. Mais non, cela ne peut pas, cela ne doit pas être ainsi; il faut que la longue vie politique des hommes d'État, même en face des embarras de situation, soit possible aussi bien que dans les gouvernements absolus, dans le régime constitutionnel, sans quoi il porterait évidemment en lui un vice radical, un symptôme certain de moralité. Alors il n'eût pas vécu le temps qu'il a vécu déjà ; car nulle institution véreuse, quelle qu'elle soit, n'est capable d'exister. Si les choses se passent autrement, il faut s'en prendre à la mauvaise direction des partis ; et reconnaître aussi que par malheur le gouvernement constitutionnel pèche par un côté, c'est qu'il se montre de trop indulgente vertu et de trop facile accès pour les ambitieux.

Croit-on, Monsieur, que j'entende préconiser le despotisme ? Je vous le dis parce qu'on est tenté d'affubler de ce mot tout pouvoir qui se fortifie. La conséquence la plus naturelle serait pourtant celle-ci : que la force ne serait pas du côté du pouvoir, mais dans le pouvoir et dans la politique ; comme la force n'est point entre les mains du magistrat qui applique la loi, mais dans la loi elle-même. Et quelle que soit la peine infligée par le magistrat, il n'est ni cruel ni injuste, lui, car il n'est que l'instrument passif, ou actif si vous voulez, d'une volonté suprême à laquelle il est bien obligé d'obéir.

J'ai parlé de despotisme, il y a quelques lignes de cela. Dût-on m'accuser de le protéger, ce que je nie de toutes mes forces, je ne puis tarder plus longtemps à rétablir ici le passage suivant que j'ai re[illegible]é de plus de vingt endroits de cette préface, mais auquel il faut bien enfin trouver place. Par une législation aussi sage qu'intelligente, dans certaines de ses parties, il a été établi que non seulement l'autorité, mais encore la personne royale étaient inviolables, indiscutables et à l'abri de toute irrévérence. C'est au mieux, en vérité. L'une et l'autre chambre a le privilège de citer à sa barre quiconque aura insulté à quelqu'un de ses membres. L'insulte faite à un frappe le corps en masse, et, en frappant le corps, atteint le pays dont les chambres sont les représentants. C'est encore au mieux, en vérité. Attenter à la personne royale, attenter à la dignité des chambres, c'est attenter au pays, nul doute à cela.

Chacun de ces pouvoirs peut, dans ses actes, encourir le blâme ou la déconsidération d'une portion de citoyens. Que ce blâme ou cette déconsidération porte sur les chambres, ou sur une fraction des chambres, la société n'est point en péril pour cela, parce que les idées représentées par les chambres sont multiples. Par cela même que l'erreur peut se rencontrer d'un côté, la raison peut bien aussi briller d'autre part; tandis que si le blâme ou la déconsidération frappait la royauté, la société serait en péril; parce que dans la royauté vivent nos institutions, et que là il y a ou erreur totale ou raison complète. Il a donc fallu faire peser sur quelqu'un la responsabilité dont était susceptible la royauté comme partie fonctionnant dans l'ensemble du pouvoir. Ses ministres, c'est-à-dire les agents directs de sa pensée et de sa volonté, ont été choisis naturellement pour supporter ce fardeau. Il faut dire qu'on le leur fait lourdement porter, et que bien prend à la royauté d'être à l'abri.

Me voilà arrivé où j'en voulais venir. Dans l'esprit du régime constitutionnel, le roi couvert par ses ministres, les deux chambres qui sont le pays en masse forment une seule et même chose. Nous avons vu qu'insulter aux chambres c'était insulter à la nation; je me demande alors qui on insulte quand on couvre d'opprobre et d'injures les ministres? Le roi, c'est impossible; les hommes en eux-mêmes, ce n'est pas supposable, parce que leur individualité disparaît dans leurs fonctions. A mon sens, je vois que quand on injurie des ministres on injurie le pays, comme on porte atteinte à sa dignité quand on touche à celle des chambres, d'où sortent les ministres au bout du compte. Alors pourquoi laisser impuni un tel délit en tous points semblable à l'autre?

Il y a donc, je pense, une lacune dans la législation qui a établi que la royauté était à l'abri de tout blâme, et qui punit l'injure envers les chambres.

Qu'on discute les actes d'un ministre; oui, il le faut, sans quoi l'on discuterait la royauté, ce qui n'est pas possible. Mais qu'on ne l'injurie pas, sous peine de commettre un délit envers le pays dont il est représentant et chargé d'intérêts.

En France, où l'honneur seul est le mobile de nos actions, et souvent la seule récompense de nos actions ou de nos travaux, il me semble qu'il est logique d'exiger que le pouvoir qui en est le distributeur, soit honoré lui-même dans tous ses éléments, considéré et respecté surtout, sans quoi les fonctions publiques sont sujettes à se ressentir de l'injure faite au pouvoir, ou à une des fractions du pouvoir, parce que tout ce qui le frappe directement rejaillit sur ceux qui en dépendent.

Le fait ne vous paraît-il pas plus étrange, plus monstrueux même, quand il vient de la part d'un membre d'un des pouvoirs de l'État? Nous le voyons pourtant quotidiennement.

J'ai entendu quelques personnes m'objecter que l'établissement d'une science politique, telle que je la voudrais, c'est-à-dire en resserrant dans des limites infranchissables l'esprit et les faits, devait amener l'interdiction de la liberté de pensée et de discussion, et tarir la source de toute lumière.

Non, Monsieur, la liberté de pensée et de discussion ne disparaît pas; c'est la liberté de divaguer qui s'en va. Trouvez-vous beaucoup de gens qui s'en plaignent? Le jurisconsulte travaille, pense et discute sur la loi, mais ne divague point. L'homme politique, l'homme d'étude, entreront dans cette voie, la seule bonne et raisonnable.

J'ai évité jusqu'à ce moment, vous avez dû m'en

savoir quelque gré, de toucher directement à aucun des détails de la politique actuelle, à aucune des questions pendantes, et me suis abstenu de tout nom propre, de toute allusion. Je me suis efforcé de ne sortir point des idées générales qui sont le but de mon œuvre. Toutefois, je n'ai pas dû oublier un instant que je travaillais pour la France d'abord. En tournant donc les yeux vers l'avenir, par devoir je ne perdais pas de vue le présent, parce que je crois fermement que pour acquérir la force plus tard, il faut un peu chercher où elle est et où elle n'est pas aujourd'hui.

Je le dis donc à regret; une des causes d'affaiblissement dans le pouvoir, c'est l'absence d'union dans les éléments qui le constituent. Je ne vous parle pas ici du premier de ces éléments, la Royauté, qui pourrait bien être ce que Bentham appelle quelque part le pouvoir au dessus de tous les pouvoirs, et qui au bout du compte, en fait et en principe, doit être considéré comme étant la raison innée. Nous en avons causé plus haut. Je ne vous dirai rien de la chambre élective, soumise par sa propre nature à tant d'évolutions. Voyons le troisième, immobile en quelque sorte par sa constitution.

Mais lisez d'abord ce paragraphe de Montesquieu :

« Ce qu'on appelle union dans un corps politique, « dit-il, est une chose très équivoque : la vraie est une « union d'harmonie qui fait que toutes les parties quel-

« que opposées qu'elles nous paraissent, concourent « au bien général de la société, comme des disso- « nances dans la musique concourent à l'accord total. « Il peut y avoir de l'union dans un État où l'on ne « croit voir que du trouble, c'est-à-dire une harmo- « nie d'où résulte le bonheur qui seul est la vraie « paix. Il en est comme des parties de cet univers « éternellement liées par l'action des unes et la réac- « tion des autres. »

Ici, dans cette *préface*, je ne me charge que d'une portion de ce passage; ce qui suit nous regardera plus tard. En attendant, quelques parties ont le singulier privilège de renfermer à la fois l'apparence d'un paradoxe et un grand fonds de vérité; mais la comprendrons-nous comme l'entendait Montesquieu?

Prétendre que l'union existe dans un État où l'on ne croit voir que du trouble, revient aussi à dire que le trouble peut exister là où l'on ne voit que de l'union; ou encore que l'apparence d'une union trop prolongée et monotone est le signe évident d'une corruption intérieure. Je saisis au vol cette conclusion pour dire que la chambre des Pairs, faisceau incontestable de toutes les intelligences et des capacités les plus sûres et les plus mûres du pays, renferme dans sa propre force un vice radical qui fait que là où règne tant d'ordre et tant d'union, il y a évidemment désordre moral, et corruption intérieure.

Si loi absurde, selon moi, fut jamais votée,

Monsieur, c'est à coup sûr celle qui a annulé l'hérédité de la Pairie. Je vous fais grâce de tous les arguments pour et contre que l'on a émis à ce sujet. Mais il fallait que nous fussions sous l'empire d'une révolution nouvelle, sous l'empire de la crainte des empiétements du privilège, pour avoir voulu d'une telle loi, pour l'avoir adoptée. Les conséquences funestes que j'y trouve aujourd'hui, nous allons les rencontrer tout à l'heure.

La chambre des Pairs, composée, ainsi que je vous l'ai dit, des plus hautes capacités du pays, contient dans son sein des éléments de lumières qui par malheur ne se produisent jamais ou que rarement dans les crises politiques les plus difficiles. La chambre s'abstient toujours, et pourquoi?

La raison vulgaire est que la chambre ne se compose que de fonctionnaires essentiellement liés au pouvoir. Or, vous savez tout ce qui a été dit, sans compter ce qui se dira encore, sur la présence prétendue désastreuse des fonctionnaires dans les affaires. C'est là une raison si absurde que je ne songe point à l'admettre; car, où rencontrer plus sûrement des capacités, sinon parmi les fonctionnaires qui ont tous fait leurs preuves dans les divers emplois qu'ils ont occupés? Le principe même de la Pairie veut que cela soit ainsi.

La raison que je trouve, moi, Monsieur, me paraît plus grave encore, et la voici : c'est que le gouvernement ne fait arriver d'ordinaire à la haute chambre que des hommes fatigués des affaires, moulus par les luttes continuelles qu'ils ont traversées, et qui soupirent après elle, comme après un asile de repos. A Dieu ne plaise que l'on suppose que je m'associe ici aux banales et indignes accusations qu'on a dirigées contre la chambre ! Mon caractère me met à l'abri d'un pareil soupçon. Mais la pairie, à mes yeux, dans les temps où nous vivons, a le glorieux tort de n'être qu'une dignité, prix toujours trop tardif de longs travaux et de dures fatigues.

Comptez sur vos doigts, Monsieur, les pairs qui se donnent un peu de mouvements à la chambre. Ce sont ceux qui, tombés du ministère, l'ambitionnent de nouveau et contrarient leurs adversaires pour les faire tomber à leur tour. Triste rôle à jouer, et que j'aurais voulu rencontrer là moins qu'ailleurs; ou bien encore ce sont quelques-uns de ces opposants systématiques et aveugles qui ne veulent pas voir qu'ils ruinent leur pays, au lieu de saper un gouvernement. Ce qui prouve que l'intelligence personnelle ne suffit pas seule, là où il n'y a pas une loi immuable qui régente et contraigne les esprits.

Hors cela, point de ces luttes d'où jaillissent les lumières; peu d'études approfondies des questions; nulle grande initiative spontanée dans les affaires du pays. Et je le répète, Monsieur, c'est là un bien grand malheur, car de nulle autre part mieux que de la chambre des Pairs, peuvent sortir l'intelligence dans les idées, la clarté dans les faits, la valeur dans les opinions. Il n'est pourtant aucune disposition qui puisse arrêter ce nobles élans; et de par la Charte : « *La chambre des Pairs est une portion essentielle de la puissance législative.* »

Tandis que si l'hérédité de la Pairie existait encore, la chambre compterait dans son sein des hommes jeunes, ardents aux affaires, capables aussi souvent qu'incapables, mon Dieu! de s'y appliquer, pourquoi pas? ambitieux, si vous voulez: mais qu'importe? Et par cela seul que pèserait sur eux la responsabilité de soutenir l'éclat de la Pairie, ils mettraient bientôt en jeu leurs goûts, leurs études, leur honneur. En Angleterre on élevait bien certains hommes pour en faire des ministres ; je vous en ai cité de ceux-là qui n'ont pas si mal tourné: pourquoi en France n'élèverait-on pas certains hommes par en faire des Pairs?

Il existerait alors dans la haute chambre plus d'ardeur, de vigueur et de mouvement. Vous le savez bien, Monsieur, là où il n'y a rien à risquer, on s'endort volontiers; là où il faut combattre et conquérir pour se grandir, on se tient l'oreille au guet et l'esprit en éveil.

Dans la chambre des Lords, en Angleterre, il existe autant de fractions de partis et de subdivisions que dans le parlement. Le parti radical y a ses représentants et ses défenseurs. Il s'en suit alors un prodigieux mouvement, et des discussions de feu.

Ce n'est pas cela seulement, Monsieur, qui constitue à mes yeux l'activité. Ayant blâmé à la chambre des députés les oppositions systématiques, et les fractions de partis qui ne servent qu'à dérégler et à désorganiser ce qu'en somme ils veulent tous défendre et servir, c'est-à-dire les institutions et le principe de la révolution de 1830, je n'irai pas prêcher l'introduction de pareilles erreurs à la chambre des pairs qui a su avec tant de bon sens et d'intelligence s'en préserver jusqu'à ce jour. L'activité pour moi est ailleurs que là ; elle gît dans ce que je demandais à la haute chambre, c'est-à-dire sa part franche dans les affaires, son initiative ardente et infatigable.

Pensez-vous que l'hérédité de la Pairie eût pour premier résultat fâcheux d'introduire précisément dans la chambre des éléments de discorde et d'opposition, avec les héritages de famille? Je ne le crois pas, Monsieur; parce que plus peut-être que les leçons paternelles, le temps forme l'éducation des enfants en général; et il est rare que la jeunesse ne s'imprègne pas des idées comme des mœurs de l'époque au milieu de laquelle elle vit. Les hommes mûrs ont assez de force pour lutter quelquefois contre ce grand courant; mais les jeunes gens se laissent forcément aller. Ceci me fait un peu revenir sur les torts que j'avais trouvés à la loi de l'abolition de l'hérédité. La Pairie de la Restauration, fille de la noblesse d'avant 89, nous transmettait immanquablement des enfants pétris dans les idées de la Restauration, antipathiques aux progrès du principe populaire, et trop avancés peut-être pour refaire leur éducation *dynastique*. Mais la Pairie une fois entrée dans les eaux de la révolution ne peut que nous donner des héritiers calqués sur ses propres idées, et aptes à ouvrir leur intelligence aux progrès de la civilisation et des principes triomphants. A mon sens, le moment serait opportun de rétablir l'hérédité de la Pairie, et de donner ainsi une impulsion de force à la chambre, par la présence de jeunes membres actifs et affamés de gloire et d'instruction.

Dans l'état actuel, qu'arrive-t-il quand la chambre des Pairs saisissant une des questions vitales et sociales qui sont de sa juridiction, se montre enfin avec cette énergie qui lui sied si bien? il arrive qu'on s'emporte contre elle, et qu'on l'accuse de n'avoir de vie que pour user de sa toute-puissance. Dans un pays comme la France, Monsieur, ne trouvez-vous pas que pour un corps aussi éclairé, aussi illustre que la chambre des Pairs, la place est en avant, et que la chambre des Pairs, qui pourrait à bon droit prétendre à remorquer les autres, ne doive pas se laisser remorquer ?

La Pairie est donc appelée, dans ma pensée, à fortifier le pouvoir par la part franche qu'elle doit prendre aux affaires du pays, mais en s'abstenant toutefois de se jeter inutilement dans des questions de prérogatives sociales et de privilèges. M'entendez-vous bien, Monsieur? Je veux dire qu'en fait d'attaques de ce genre, l'initiative appartient à la chambre des Députés, représentant de la nation, mais aussi représentant plus exclusif du peuple; organe de ses besoins, de ses vœux, exagérés ou raisonnables. A la pairie, gardienne-née de la conservation et de la stabilité, il appartient de juger la valeur de ces besoins et de ces vœux; elle peut les repousser, les admettre dans ses limites législatives; mais jamais aller au devant ni en empêcher l'émission. Ce serait faire faire un pas vers le privilège, et l'esprit de notre constitution l'exclut.

En somme donc, nous avons de grandes choses à attendre de la Pairie en France; et pour cela nous pouvons avoir le droit de lui dire que quand elle le voudra elle donnera une large impulsion à la marche des affaires et aussi des idées.

Vous avez saisi successivement, Monsieur, tout ce qui m'inspirait la pensée de mon livre. Je crains de voir, dans mille causes, l'affaiblissement du Pouvoir sans lequel il n'y a plus de société possible; je redoute l'empiétement aveugle des partis, l'inintelligence où ils sont de la valeur même de leurs principes qu'ils détruisent volontairement, ce qui mène encore à la dissolution de la société. J'assiste au triste spectacle de leur ignorance en politique, soit qu'ils l'affectent pour en tirer profit, soit qu'elle soit réelle, ce qui produit à la fois l'affaiblissement du pouvoir et le conflit dans leurs éléments constitutifs. Or, je le répète de nouveau en terminant : le moyen de dissiper ces ténèbres, c'est d'y pénétrer, le flambeau d'une science politique à la main.

Jean-Jacques vous dirait que pour faire cette science « il faudrait des Dieux. » Car : « s'il est difficile, « ajoute-il, de trouver un bon prince qui exécute les « lois, que sera-ce pour trouver un bon législateur « qui les fasse ! » Nous avons vu que nous n'avions pas besoin de l'intervention des Dieux.

Qui indiquera les bases de cette science?..... Je l'ignore, Monsieur, mais ce ne sera pas moi ; je pourrais en avoir le courage, mais je n'en ai pas le talent, et ma vie peut-être n'y suffirait pas.

La seule chose que je ne sente pas au dessus de mes forces, c'est d'essayer de déblayer la route, et d'ouvrir un sentier pour y arriver, en recherchant et en étudiant tous les problèmes, tous les éléments de la société. Et pour cela, Monsieur, je veux m'appuyer sur l'Histoire, sur la Philosophie et sur la Législation, ces trois guides que j'ai indiqués, pour qui voudra s'en servir, comme les seuls à l'aide desquels on ne puisse pas s'égarer.

Voilà pourquoi je n'annonce pas une Politique Générale, mais une Introduction à cette politique.

Puissé-je approcher d'un tel but sinon y atteindre! Et je serais heureux de compter sur l'appui et l'indulgence de mes concitoyens, comme je suis sûr, Monsieur, des vôtres. Le jour où la France, cette avant-garde de la civilisation comme on l'a appelée, se montrera à la hauteur du grand rôle qu'elle doit jouer dans le monde, ce jour-là sera le plus heureux de ma vie de citoyen.

Fasse Dieu que je le voie !

Paris, octobre 1842.

NOTE.

J'ai reconnu à l'Angleterre une éducation politique qui lui donne une supériorité incontestable dans le maniement des affaires. Le triste spectacle que ce pays offre aujourd'hui par le désordre qui règne dans sa constitution semblerait contredire mes assertions Mais il est important d'observer que ces dissensions ont des causes tout à fait étrangères à l'ignorance des affaires et au galimatias politique sous le bénéfice desquels nous vivons, nous autres. Ces troubles viennent de quelque chose de plus profond ; ils sont suscités par la présence d'un *principe* qu'on s'étudie follement à méconnaître, qui se montre toujours, et finira par apparaître un beau jour les armes à la main pour conquérir ce qu'on lui refuse; je veux parler du *paupérisme*. Ce qui n'empêche pas que l'Angleterre ne soit un pays éminemment politique et surtout pratique; veuf heureusement de toutes les fausses idées théoriques dont la France est abreuvée.

Lagny — Imprimerie de Giroux et Vialat.

www.ingramcontent.com/pod-product-compliance
Ingram Content Group UK Ltd.
Pitfield, Milton Keynes, MK11 3LW, UK
UKHW021207220726
13924UKWH00003B/1382

9 782019 716301